UNIVERSITÉ DE RENNES. — FACULTÉ DE DROIT

ESSAI D'UNE ÉTUDE CRITIQUE

sur

LA NATURE ET LES EFFETS JURIDIQUES

DE LA MAIN-LEVÉE

ET DE LA RADIATION DES HYPOTHÈQUES

THÈSE POUR LE DOCTORAT

SOUTENUE LE 16 FÉVRIER A 4 HEURES

Dans une des salles de la Faculté de Droit.

PAR

A. CHAUVIN

AVOCAT A LA COUR D'APPEL

LAURÉAT DE LA FACULTÉ DE DROIT DE RENNES

1895. Droit constitutionnel, 1er prix. Droit romain, 1re mention.
1896. Droit civil, 1er prix. Droit administratif, 1re mention.
1897. Droit civil, 1er prix. Droit international privé, 1er prix.

PARIS, IMPRIMERIE CAMIS ET Cie

SECTION ORIENTALE A. BURDIN, ANGERS

—

1900

ESSAI D'UNE ÉTUDE CRITIQUE

SUR LA NATURE ET LES EFFETS JURIDIQUES

DE LA MAIN-LEVÉE

ET DE LA RADIATION DES HYPOTHÈQUES

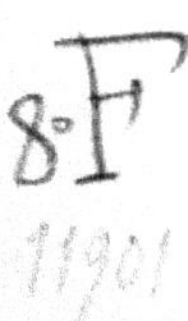

JURY D'EXAMEN

MM. DE CAQUERAY, *Doyen.*
CHATEL, *Professeur.*
CHAUVEAU, *Professeur.*

UNIVERSITÉ DE RENNES. — FACULTÉ DE DROIT

ESSAI D'UNE ÉTUDE CRITIQUE

SUR

LA NATURE ET LES EFFETS JURIDIQUES

DE LA MAIN-LEVÉE

ET DE LA RADIATION DES HYPOTHÈQUES

THÈSE POUR LE DOCTORAT

SOUTENUE LE 16 FEVRIER A 4 HEURES

Dans une des salles de la Faculté de Droit.

PAR

A. CHAUVIN

AVOCAT A LA COUR D'APPEL

LAURÉAT DE LA FACULTÉ DE DROIT DE RENNES

1895. Droit constitutionnel, 1er prix. Droit romain, 1re mention.
1896. Droit civil, 1er prix. Droit administratif, 1re mention.
1897. Droit civil, 1er prix. Droit international privé, 1er prix.

PARIS, IMPRIMERIE CAMIS ET Cie

SECTION ORIENTALE A. BURDIN, ANGERS

1900

A MA MÈRE

BIBLIOGRAPHIE

—

Aubry et Rau. *Cours de droit civil français*, t. III, p. 386 et
suiv.

Battur. *Traité des privilèges et hypothèques*, t. IV.

Bioche. *Dictionnaire de procédure civile et commerciale*, v°
Ordre.

Baudry-Lacatinerie et de Loynes. *Du nantissement ; des privilèges et hypothèques*, t. III, p. 130 et suiv.

Boulanger et de Récy. *Traité des radiations hypothécaires.*

Chauveau sur Carré. *Lois de procédure civile*, t. II.

Colmet de Santerre. *Cours analytique de Code civil*, t. IX,
n° 138 *bis*, VIII.

Dalloz. *Répertoire*, v° *Privil. et hyp.*, n°ˢ 2722 et suiv.
   Supplément au Répertoire, n° 1687.

   Recueil périodique :
      Note anonyme sous Orléans, 8 août 1889. D. 92,
      1, 221.
      Note anonyme sous Pau, 17 juin 1889. D. 90, 2,
      21.
      Note anonyme sous Cass., 20 juin 1859. D. 59,
      1, 254.
      Note anonyme sous Cass., 96, 1, 548.
            id.   4 juillet 1864. D. 64,
      1, 359.

De Loynes. Note sous Angers, 13 juin 1894. D. 97, 2, 89.
         —   Paris, 9 juillet 1892. D. 93, 2, 569.
Documents *relatifs au régime hypothécaire*, publiés par ordre
      du Gouvernement, t. III.

Garsonnet. *Traité de procédure civile*, t. IV.

GUILLOUARD. *Traité des privilèges et hypothèques*, t. III.

JOURNAL DES CONSERVATEURS, nᵒˢ 1592, 1044 et autres.

LAURENT. *Principes de droit civil*, t. XXXI.

MARTOU. *Des privilèges et hypothèques*, t. III.

MARCADÉ et PAUL PONT. *Explication du Code Napoléon*, t. XI.

MÉRIGNHAC. Note sous Orléans. 29 novembre 1889. D. 90, 2, 153.

PERSIL. *Régime hypothécaire*, t. 1.

ROUSSEAU et LAISNEY. *Dictionnaire de procédure civile*, vᵗ Ordre et exécution des jugements.

SELIGMAN. *Explication de la loi du* 21 *mai* 1858.

SIREY. *Recueil périodique*, note sous Aix, 58, 2, 474.

TROPLONG. *Privilèges et hypothèques*, t. III.

VIOLLET. *Histoire du droit civil français*, t. II.

PROLÉGOMENES

1. — On n'encourt à notre avis ni le reproche de témérité ni même celui d'exagération, en affirmant malgré les précédents historiques de la matière et l'intérêt incontestable qu'ils présentent, que le principe de publicité admis comme base du droit hypothécaire français par le législateur de Brumaire an VII était un principe nouveau. Sans doute, et depuis longtemps déjà, des esprits clairvoyants en avaient aperçu et signalé les utiles et bienfaisantes conséquences ; bien plus, il avait même reçu à plusieurs reprises, une consécration officielle. Mais, en laissant de côté les dispositions particulières de certaines coutumes sur ce point (1), les édits de juin 1581, d'avril 1657 et de juin 1606 n'avaient jamais reçu d'application (2) ; l'ordonnance de mars 1673 était restée à l'état de concept pur (3) et la loi de Messidor, on le sait, n'avait pas mieux atteint le but cherché.

(1) Coutumes de Nantissement; Appropriances par bannies de Bretagne; Coutume de Metz : Vestures et prises de bans.

(2) Les édits de 1581 et de 1606 furent cependant appliqués dans la province de Normandie, dont le Parlement avait accepté de les enregistrer. L'édit de 1657 instituant des offices de conservateurs des hypothèques n'avait pas même été publié. Quant à l'édit de juin 1771 sur les Lettres de ratification, il n'avait trait qu'indirectement et d'une façon très accessoire, à la publicité des hypothèques.

(3) L'ordonnance de 1673 ne fut officiellement rapportée qu'en

Autant d'efforts demeurés vains, d'autant plus dignes de mérite cependant, qu'ils étaient dictés par l'équité, la justice et l'intérêt général, alors que l'opinion les condamnait d'avance ; tentatives infructueuses que les préjugés des uns, la partialité égoïste et intéressée des autres, l'indifférence du plus grand nombre avaient fait misérablement échouer (1). En ce qui concerne la loi du 9 Messidor an III on peut ajouter, pour expliquer son échec, que le système des cédules hypothécaires — assurément bizarre et inapplicable à l'époque — dont elle se compliquait, en faisait une loi sinon hasardeuse, du moins prématurée, et dont on a pu dire avec raison qu'elle venait avant l'heure.

avril 1674, mais dans l'intervalle même elle n'avait reçu en fait aucune application. On sait d'ailleurs qu'une tentative avait été faite, dans la première moitié du xviiiᵉ siècle, pour ressusciter l'idée de Colbert, et que ce fut en partie l'opposition de Daguesseau (*Mémoire sur le projet d'établissement de conservateurs des hypothèques*) qui en empêcha la réussite. La même observation peut être faite au sujet de la loi de Messidor an III, en remarquant toutefois que jusqu'à l'an VII celle-ci ne fut jamais expressément abrogée. Une seule mesure d'exécution s'y rapporte : un décret nommant le citoyen Jollivet conservateur général des hypothèques. On a néanmoins soutenu récemment que la loi de l'an III avait reçu application au moins dans une certaine mesure et d'une façon facultative. M. Flour de Saint-Genis a découvert au premier bureau de la Conservation des Hypothèques de la Seine une série de vingt volumes ayant servi depuis le 17 Frimaire an IV jusqu'au 9 Germinal an VII à l'accomplissement des formalités hypothécaires et contenant environ 8.000 inscriptions.

(1) *Adde* l'édit de 1693, relatif au contrôle comme ceux de 1581 et de 1606, qui ne fut qu'incomplètement exécuté et n'avait pas d'ailleurs, lui non plus, directement trait à la publicité des hypothèques.

2. — Quoi qu'il en soit, cette règle de publicité, qu'on peut considérer comme devant être la clef de voûte de toute législation foncière entrait désormais dans la nôtre, non pas seulement pour n'en plus sortir jamais, mais comme un principe fécond et bienfaisant, dont l'extension, l'application et le développement ne devaient jamais cesser d'attirer l'attention du législateur de l'avenir (1).

3. — Le principe nouveau appelait sans doute, par toutes les conséquences directes ou accessoires qu'il engendrait, une refonte complète de la législation hypothécaire, mais par lui-même et par lui seul il avait déjà un double effet : il fallait désormais faire apparaître aux tiers, dès le moment où elles leur étaient opposables, les hypothèques dont les immeubles étaient susceptibles d'être grevés, il fallait aussi leur faire connaître, d'une façon également sûre et certaine, la disparition de ces mêmes hypothèques.

Les mêmes conséquences s'imposaient au législateur du Code civil qui partait du même principe.

4. — Il serait puéril, en effet, d'insister sur cette vérité évidente, que l'intérêt de la publicité hypothécaire est le même, qu'il s'agisse de la naissance ou de l'extinction du droit ; que les tiers ont un égal intérêt à connaître celle-ci et celle-là ; que, pour mieux dire, le principe comprend deux éléments : publicité de la naissance, publicité de l'extinction.

On pourrait même ajouter que l'intérêt des tiers, en ce qui concerne celle-ci, est directement lié à celui du débiteur hypothécaire lui-même. Comme les tiers qui se sont rendus acquéreurs du bien grevé ou ont acquis sur

(1) Après la marche rétrograde suivie à cet égard par le Code de 1804 en ce qui concerne les aliénations de droits réels immobiliers.

lui des droits postérieurs, il a un intérêt majeur et palpable à rendre publique l'extinction des hypothèques qui grèvent sa propriété. C'est à cette condition seulement qu'il recouvrera son crédit.

5. — Le principe de la publicité hypothécaire tel que le consacrait la loi du 11 Brumaire an VII, et tel qu'il est formulé par notre Code civil consiste seulement en ce que les hypothèques valablement nées ne sont pas opposables aux tiers, tant qu'elles n'ont pas été rendues publiques par l'accomplissement des formalités prescrites par la loi. Mais il n'a point eu pour résultat de confondre le droit hypothécaire et l'inscription, qui restent deux choses essentiellement distinctes. L'hypothèque existe et vaut sans inscription. C'est ainsi par exemple, que celle-ci étant déclarée nulle et de nul effet, l'hypothèque n'en reste pas moins valable. Il est vrai seulement de dire que l'hypothèque non rendue publique n'existe pas à l'égard des tiers. Et le mot tiers a ici une signification aussi large que possible, il comprend même les créanciers chirographaires (1).

Comme dans le cas de péremption, il sera loisible au créancier, dans l'hypothèse ci-dessus, de prendre une nouvelle inscription qui aura effet à compter de sa date. Sauf au cas où serait survenu, dans l'intervalle, un des événements qui arrêtent le cours des inscriptions, il aura donc perdu son rang, mais non son droit; comme un créancier qui aurait consenti une main-levée portant exclusivement sur son inscription.

(1) V. Baudry-Lacantinerie et de Loynes, *Du nantissement, des privil. et hyp.*, p. II, p. 505 et les auteurs qu'ils citent. *Adde* Guillouard, *id.*, p. 4. V. notamment Cass. civ., 17 août 1868; D., 68, 1, 398; S., 68, 1, 377.

6. — L'expression de main-levée est sans doute usitée dans des acceptions assez diverses, mais l'idée qu'elle exprime est toujours la même : idée de suppression d'une entrave apportée au crédit d'une personne, d'un obstacle opposé au libre exercice de ses droits ou à la libre circulation de ses biens (1). C'est bien la même idée que nous retrouvons ici. La main-levée en matière hypothécaire peut en effet se définir d'une façon générale : le consentement des parties intéressées à la radiation. Celle-ci, acte d'exécution de la main-levée, n'en est que le corollaire immédiat et la conséquence nécessaire.

7. — En toute hypothèse donc, la main-levée entraîne la disparition de l'inscription. Son effet peut s'arrêter là. Le droit hypothécaire et l'inscription étant, nous le savons, deux choses distinctes, on conçoit parfaitement que la main-levée puisse ne porter que sur l'inscription, le droit hypothécaire subsistant intégralement. Il sera loisible alors au créancier de prendre une nouvelle inscription, qui aura effet et rang à compter de sa date, et la situation sera ainsi la même qu'au cas de la péremption ou d'annulation de l'inscription (2).

Mais l'effet de la main-levée peut être bien plus considérable, elle peut porter sur l'hypothèque elle-même, et alors deux cas sont à distinguer, suivant que l'hypothèque a ou n'a pas été déjà éteinte par l'un des modes légaux. Si l'hypothèque subsiste encore au moment où la main-levée intervient, il paraît évident que c'est bien

----

(1) Main-levée d'opposition, de saisie-arrêt, de conseil judiciaire, d'interdiction...

(2) Art. 2154 C. civ. V. n° 5 *suprà*.

celle-ci qui en entraîne la disparition, par voie de renonciation du créancier (1).

La question est singulièrement plus délicate si la mainlevée intervient après que l'hypothèque se trouve déjà éteinte par l'un des modes de l'art. 2180. Dans ce cas faut-il considérer la main-levée comme portant sur l'hypothèque ou seulement sur l'inscription (2) ? Il semble à première vue qu'elle ne doive porter que sur celle-ci puisque l'hypothèque a été préalablement éteinte. Mais étant donné que malgré l'extinction antérieure du droit la main-levée n'en sera pas moins nécessaire pour faire opérer la radiation, n'est-il pas plus logique de la considérer comme portant sur le droit lui-même ?

Sans doute — et c'est ce qui différencie cette seconde hypothèse de la première — la main-levée n'a pas ici par elle-même et par elle seule son individualité et son efficacité juridiques : elle est indissolublement liée au fait juridique qui a entraîné l'extinction de l'hypothèque ; mais la question sera précisément de savoir si ce fait luimême n'est pas soumis, vis-à-vis des tiers, à une publicité effective consistant dans la radiation de l'inscription.

Nous espérons arriver à démontrer — ce sera là du moins le principal objet de cette étude — que jusqu'à la radiation opérée l'extinction de l'hypothèque est inexistante à l'égard des tiers ; qu'ils ne peuvent pas plus s'en prévaloir contre qui que ce soit qu'on ne peut l'invoquer

(1) Dans le cours de nos explications ultérieures, et à défaut d'indication contraire, c'est en général cette hypothèse que nous aurons en vue quand nous parlerons de la main-levée sans autre qualificatif.

(2) Les auteurs semblent bien considérer dans cette hypothèse la main-levée comme portant exclusivement sur l'inscription.

contre eux. Nous considérerons donc la main-levée comme portant sur le droit d'hypothèque lui-même, bien qu'elle intervienne après la survenance de l'un des événements énoncés à l'art. 2180. Cette interprétation nous paraît d'ailleurs suffisamment justifiée par l'art. 2160 et par cette considération que malgré l'extinction antérieure du droit la main-levée n'en sera pas moins indispensable pour faire opérer la radiation.

8. — Quoi qu'il en soit, ce dont il importe de se convaincre pour le moment, c'est que la portée de cet acte juridique, que constitue la main-levée est essentiellement variable. Dans chaque espèce on se demandera qu'elle a été l'intention des parties, et en présumant, dans le doute, que le créancier n'a donné main-levée que de son inscription, en conservant son droit, on ne fera qu'appliquer à la matière les principes généraux qui gouvernent l'interprétation des renonciations (1).

9. — Au surplus la main-levée, quelles que soient sa portée et l'étendue de ses effets, n'est pas sans présenter quelques caractères propres et inhérents à sa nature même, qui se retrouvent dans toutes les hypothèses. L'art. 2158 la soumet à la nécessité de l'authenticité, comme l'art. 2127 y soumet le contrat constitutif d'hypothèque. Comme celui-ci également, elle est soumise à la publicité. La radiation joue en effet à son égard le rôle que joue l'inscription vis-à-vis du contrat hypothécaire. La nature intime de la main-levée nous paraît même

---

(1) Tous les auteurs en ce sens. Jurisprudence, *idem*. V. notamment, Cass. rej., 2 mars 1830 ; S., 30, 1, 342. V. les auteurs cités par MM. Boulanger et de Récy, t. I, p. 6. *Adde*, Baudry-Lac. et de Loynes, t. II, p. 174.

indépendante de l'étendue de ses effets, et l'on peut en dire autant du rapport qui l'unit à la radiation. En toute hypothèse, celle-ci a la même raison d'être et présente le même caractère, elle constitue toujours la publicité de la main-levée, prescrite à peine d'inefficacité, à l'égard des tiers.

10. — La main-levée et la radiation nous apparaissent donc comme unies par des rapports très intimes. L'une est l'exécution, et, en quelque sorte, la conséquence juridique de l'autre.

Il nous paraît essentiel de mettre dès maintenant en lumière un principe qui devra, ce nous semble, dominer entièrement notre étude, dont plusieurs solutions recevront tout à la fois leur explication et leur justification et qui enfin fera mieux comprendre et mieux saisir la matière. C'est une règle de symétrie constante qui nous semble exister entre le contrat hypothécaire et l'inscription, d'une part, entre la main-levée et la radiation, d'autre part. C'est l'expression d'un rapport quasi-arithmétique que nous énonçons ainsi : le contrat hypothécaire et la main-levée, l'inscription et la radiation sont des faits juridiques semblables, mais inversés ; de plus, le contrat hypothécaire est à l'inscription ce que la main-levée est à la radiation et réciproquement.

En résumé, il existe un parallélisme constant et symétrique entre les faits juridiques suivants : tout d'abord entre celui a qui donne naissance à l'hypothèque et celui b qui la fait disparaître ou en constate l'extinction ; de même entre les faits juridiques a' b' qui les rendent publics l'un et l'autre ; de même enfin entre $\dfrac{a}{a'} \dfrac{b}{b'}$ c'est à-dire entre les rapports qui unissent chacun des faits juridiques de la première série à celui de la deuxième qui lui correspond.

11. — C'est ce qu'il nous resterait à démontrer. La démonstration ressortira suffisamment de nos explications ultérieures. Nous nous contenterons, pour le moment, de quelques considérations générales.

Un esprit curieux pourrait voir dans le principe que nous venons de formuler, un souvenir de la vieille règle de Gaius : *quæ jure contrahuntur contrario jure pereunt.* Nous y voyons seulement l'expression de la logique et du bons sens.

Il est un principe de notre droit suivant lequel les conventions, en dehors des causes déterminées par la loi, ne peuvent être révoquées que par le consentement mutuel des parties (1). Il s'agit ici d'anéantir l'effet d'un contrat antérieur. Il est naturel d'admettre qu'il faudra pour cela la réunion des mêmes conditions que pour le contrat lui-même (2). En ce qui concerne l'inscription et la radiation, il faut remarquer que nous sommes ici dans une matière où tout en principe est soumis, à l'égard des tiers, à la publicité. Tout fait juridique qui n'a pas été porté à la connaissance des tiers par l'accomplissement des formalités de publicité prescrites par la loi, a ses effets rigoureusement limités aux rapports des parties entre elles. Il importe également aux tiers, nous le savons, de connaître l'extinction et la naissance du droit hypothécaire. Ici encore on comprend donc que les règles qui unissent la main-levée à la radiation

(1) C. civ., art. 1134.

(2) Ulpien, *Dig., de reg. jur.,* l. XXXV. « Nihil tam naturale est quam eo genere quidque dissolvere quo colligatum est ». V. aussi Paul, *H. T.,* l. CLIII ; Pomponius, *Dig., de sol.,* l. LXXX, l. XLVI, t. 3.

soient symétriques à celles qui unissent le contrat hypothécaire à l'inscription.

12. — Après ces préliminaires, réduits intentionnellement au minimum nécessaire, nous aborderons immédiatement notre première division : la nature de la mainlevée. Nos explications porteront presque exclusivement sur la discussion relative à sa nature intime et intrinsèque, abstraction faite de la qualité des parties en cause. Sans doute, en ce qui concerne sa nature extrinsèque, plusieurs points, notamment ce qui a trait à la forme et aussi, quoiqu'à un autre point de vue, à la capacité, soulèvent des questions d'un intérêt pratique supérieur, mais elles ne rentrent pas directement dans le cadre de cette étude, d'abord parce qu'elles se rattachent autant à des théories générales du droit (1) qu'à la théorie spéciale de la main-levée ; ensuite et surtout parce que la façon dont ces questions ont été antérieurement traitées rendrait vain et superflu tout ce que nous pourrions en dire (2). Au contraire, l'étude de la nature intime de la main-levée, de ses effets indépendamment de la radiation ou suivie de celle-ci, matière sur laquelle il existe une jurisprudence relativement considérable, ne semble pas encore avoir été l'objet d'une étude d'ensemble et de principe (3) et présente pour cette raison même un intérêt primordial.

Quant à la division générale de cette étude, elle est

(1) Capacité, successions, faillite, etc.

(2) V. MM. Boulanger et de Récy, *Traité des radiations hypothécaires*, t. I et II.

(3) Toutefois les traités des privilèges et hypothèques consacrent en général à ce point d'assez longs développements. V. les auteurs cités *infra*.

indiquée par son titre même. La main-levée et la radiation seront étudiées séparément dans deux parties distinctes, en sous-distinguant, en ce qui concerne la main-levée, suivant qu'elle est volontaire, librement consentie, ou qu'elle est au contraire la conséquence d'une décision de justice.

Dans chaque partie nous nous demanderons quelle est la nature intime de la main-levée et de la radiation, et nous nous efforcerons de délimiter le plus exactement possible la portée de leurs effets juridiques.

Questions singulièrement délicates, où l'on peut d'autant mieux craindre, si l'on s'écarte des théories généralement admises et consacrées par la pratique, de tomber dans des divagations abusives et de pure théorie, que l'absence de précédents sur la plupart des points empêche qu'on puisse s'appuyer sur une autorité quelconque.

PREMIÈRE PARTIE

DE LA MAIN-LEVÉE

CHAPITRE PREMIER

NATURE JURIDIQUE

A. — De la main-levée conventionnelle

I. — *Sa nature intrinsèque.*

13. — La jurisprudence et la doctrine sont unanimes
à admettre que la main-levée, œuvre exclusive de la volonté du créancier, est un acte essentiellement unilatéral (1). Solution conforme aux principes, prétend-on,
car il s'agit d'une renonciation purement extinctive, qui
ne doit exiger en aucune façon, pour être parfaite, le

---

(1) Aubry et Rau, 4, § 323, p. 204; Laurent, p. 361; Troplong,
p. 278; Baudry-Lac. et de Loynes, p. 133; Dalloz, *Répertoire*, p.
868; Martou, p. 19; Cass., 19 novembre 1855; D., 56, 1, 175; Orléans, 8 août 1889; D., 92, 1, 221; Orléans, 29 novembre 1889; D.,
90, 2, 153; Aix, 14 novembre 1857, 1, 58; 2, 474; Nîmes, 5 août
1862; D., 63, 2, 29; Cass., 4 janvier 1831; S., 31, 1, 127; motifs
tribunal Lisieux, 17 décembre 1873; S., 74, 2, 300; trib. d'Angou-
lème; S. 31, 1, 126; Agen, 19 mai 1836; D., *Répert.*, n° 2722.

consentement du débiteur ; conforme aussi aux textes :
l'art 2180 2° prévoit la renonciation du créancier sans
acceptation du débiteur.

En tous cas, et sans qu'il y ait à ce sujet de discussion possible elle est parfaitement exacte en ce qui concerne la main-levée portant exclusivement sur l'inscription.

Pour la main-levée portant sur le droit d'hypothèque,
il semble, si la formule généralement admise est fondée,
que notre principe de symétrie soit dès maintenant contredit. En effet, si l'hypothèque, qui naît d'un contrat,
peut s'éteindre par une déclaration unilatérale de volonté, il n'y a plus symétrie entre le fait juridique qui
lui donne naissance et celui qui la fait disparaître. Mais
il n'en est rien.

14. — Sans doute l'hypothèque naît d'un contrat, et
exige par suite le consentement du créancier, comme
celui du constituant ; mais qu'on le remarque bien, la
constitution d'hypothèque peut être faite par acte sé-
paré et distinct émanant du débiteur seul. Sa validité et
sa perfection ne supposent en aucune façon l'acceptation du créancier dans l'acte même. Il restera à déterminer quels seront, à l'égard des tiers, et jusqu'à cette
acceptation les effets d'une constitution d'hypothèque
intervenue dans des conditions semblables, mais ce dont
il faut bien se convaincre, c'est qu'il ne tiendra qu'au
créancier d'accepter, même tacitement — par exemple
en prenant inscription — pour qu'il soit investi d'une
sûreté aussi valable et efficace que si elle avait été consentie et acceptée par le même acte (1). La loi est en-

(1) *Sic* Aubry et Rau, 3, § 266, texte et note 51 ; Pont, II, n° 659 ;

core plus formelle dans ce sens que l'art. 2180 pour la
main-levée. L'art. 2124 dispose en effet que « les hypothèques sont consenties par ceux qui ont la capacité
d'aliéner les immeubles qu'ils y soumettent. »

Il n'exige, ni que le consentement du créancier soit
expressément constaté par l'acte de constitution ni qu'il
intervienne en même temps que celui du constituant, ni
même enfin qu'il soit exprimé dans la forme authentique.

15. — Voilà les principes qui régissent la constitution d'hypothèque et nous contestons le fondement de la
formule ci-dessus posée, relativement à la main-levée,
si son objet est autre que d'en faire à celle-ci l'application. En résumé nous admettons parfaitement que l'acte
authentique de main-levée, comme l'acte de constitution d'hypothèque, puisse ne constater que le consentement de la partie dont il émane, sauf à l'autre à l'accepter plus tard, expressément ou tacitement, par exemple
en faisant radier, de la même façon qu'un créancier
peut accepter tacitement une hypothèque à lui consentie
en la faisant inscrire, ou, si elle l'a été, en produisant à
l'ordre ouvert sur le bien grevé.

Ainsi le principe de symétrie n'est pas dérangé, et il
est toujours vrai de dire que la main-levée est régie par
les mêmes principes que l'acte constitutif d'hypothèque.

16. — Mais ce n'est point cette opinion que la jurisprudence et les auteurs entendent exprimer en affirmant la nature unilatérale de la main-levée. On veut
dire par là qu'elle n'exige en aucune façon le consentement soit exprès, soit tacite du débiteur, que sa vali-

Baud.-Lac. et de Loynes, t. II, p. 476 et la jurisprudence qu'ils
citent. *Contra*, Laurent, XXX, nos 423 et suiv.

dité et sa perfection sont complètement indépendantes de sa volonté, qu'il y demeure, en un mot, complètement étranger.

Ainsi formulée, la théorie de la doctrine et de la jurisprudence est loin de nous satisfaire. En thèse générale, et avec le tempérament que nous avons admis, nous reconnaissons à la main-levée, portant sur le droit même d'hypothèque, un caractère conventionnel.

On traite la main-levée d'hypothèque comme une main-levée de saisie-arrêt ou d'opposition à mariage. Est-il bien logique et bien rationnel *a priori*, de considérer comme étant de même nature, d'assimiler des faits juridiques aussi divers, l'un ayant pour but d'anéantir l'effet d'un contrat préexistant, ou de consacrer cet anéantissement s'il s'est déjà produit ; les autres consistant dans le simple retirement d'un obstacle apporté au libre exercice des droits d'autrui, indépendamment de tout accord de volontés ?

17. — Ou nous objecte en premier lieu, que la main-levée d'hypothèque, en quelque hypothèse qu'elle intervienne, est une renonciation purement extinctive de la part du créancier, et que l'acceptation du débiteur ne se conçoit pas comme condition de sa validité (1).

Supposons tout d'abord une main-levée intervenant sans extinction préalable de la créance ni de l'hypothèque, à titre de renonciation pure et simple du créancier à celle-ci.

Que cette renonciation soit extinctive, nous le voulons bien, mais ce caractère ne l'empêche pas de constituer, par rapport au contrat constitutif d'hypothèque,

____

(1) De même de l'acceptation du tiers si la main-levée est consentie à un autre qu'au débiteur originaire.

un distract pur et simple. Elle est l'anéantissement de ce contrat par une opération juridique inverse. Ce qui peut tromper, c'est que cette renonciation, pas plus que le contrat hypothécaire, n'est un contrat synallagmatique, c'est une convention unilatérale, où une seule obligation naît du concours des volontés. Pour contester le fondement de notre proposition, il faut — remarquons-le — aller jusqu'à reconnaître une force obligatoire à la déclaration unilatérale de volonté, principe assurément inconnu de notre législation.

18. — Supposons maintenant — et ici la question se complique — que la main-levée intervienne après extinction préalable de l'hypothèque et de la créance. Alors sa seule utilité semble être de régulariser la situation, en permettant au débiteur de faire opérer la radiation de l'inscription subsistante. Il est vrai, — et, de là cette conséquence, dont il faut bien se pénétrer; que, dans cette deuxième hypothèse, la main-levée fait corps avec le fait juridique qui a provoqué l'extinction de l'obligation, qu'elle en est un corollaire, une conséquence forcée et inéluctable (1). Or aucun des modes d'extinction des obligations conventionnelles n'est exempt d'un certain caractère contractuel. De tous d'abord on peut dire qu'étant inscrits dans la loi, qui, en matière de contrats, ne fait que présumer les intentions et la volonté des individus, ils ont dû être envisagés par les parties en contractant; que tous sont d'ailleurs absolument conformes, rationnellement et pratiquement à l'intention probable et vraisemblable des parties (2). Il en est cer-

(1) Art. 2159-2160.

(2) Art 1134. — V. le raisonnement tenu pour l'application de la loi dite « d'Autonomie » en droit international privé.

tainement ainsi de la prescription et de la compensation légale, pour laquelle on peut ajouter qu'elle n'est qu'un paiement fictif. Mais pour les principaux d'entre eux, il est possible d'aller plus loin. La translation de propriété qu'opère le paiement (1) éveille par elle-même l'idée d'une convention. Et en réalité le paiement est une convention intervenant en exécution de la convention primitive. Si en cas de refus du créancier le débiteur peut forcer son consentement au moyen de la procédure des offres réelles, c'est parce qu'en vertu même de cette convention originaire, il a le droit de payer comme il en a l'obligation.

La novation et la remise de dette, supposant l'accord de deux volontés, sont des conventions véritables. La confusion, on le sait, ne peut être considérée comme un véritable mode d'extinction des obligations.

Enfin si un créancier a stipulé une chose individuellement déterminée, il n'en a pas stipulé une autre et il a tacitement consenti par là même à ce que l'obligation du débiteur relativement à cette chose disparût, si son objet venait à périr fortuitement : c'est la perte de la chose due.

Suivant nous, la main-levée participera dans tous les cas de la nature contractuelle du fait juridique qui en éteignant l'obligation, l'a rendue nécessaire et forcée ; elle conservera donc ici la nature que nous lui avons reconnue dans l'hypothèse où elle intervient sans extinction préalable de la créance : elle reposera sur l'idée d'une convention intervenue entre les parties.

19. — Dans le même ordre d'idées, la Cour de cas-

____

(1) Art. 1238.

sation (1) tire argument contre nous des solutions admises pour les renonciations à une prescription, à un usufruit, à une succession ou à une communauté. L'argument, en apparence spécieux, ne résiste pas à un examen approfondi de la question. En ce qui concerne tout d'abord les renonciations à une prescription ou à une succession, il ne porte pas. Il s'agit là en effet de renonciations à des droits que l'on tient de la loi ou d'un testament, c'est-à-dire d'un état de fait pur et simple ou d'une déclaration unilatérale de volonté, dans tous les cas indépendamment de tout accord de consentements. Pour les renonciations à succession, le législateur semble tout au contraire avoir admis une règle inverse, et n'avoir considéré la renonciation de l'héritier comme définitive que si elle a été acceptée, d'une façon au moins tacite par l'héritier subséquent venu à la succession, puisque jusque-là, le renonçant peut revenir sur le parti qu'il a pris en premier lieu (2). Même observation pour la renonciation à un usufruit établi par testament ou à une communauté légale.

20. — Dans tous ces cas, la comparaison n'est fondée ni en raison, ni en fait. Nous nous occupons ici de la renonciation à un droit issu d'un contrat, c'est-à-dire d'un concours de deux volontés engendrant pour chacune d'elles un droit égal, à défaut d'un égal intérêt. Comment y comparer la renonciation à des droits nés en dehors de la volonté du renonçant, en vertu de la loi ou d'une volonté unilatérale à laquelle il n'a pas concouru ; droits dont l'existence est en quelque sorte abs-

(1) Arrêt de 1855 précité.
(2) Art. 462-790 C. civ.

traite et suspendue tant qu'ils n'ont pas été soit invoqués, soit acceptés : elle ne peut mettre qu'une personnalité en cause, celle du titulaire ou bénéficiaire du droit.

21. — Reste donc la renonciation à un usufruit ou à une communauté conventionnels. Pour celle-ci la différence s'expliquerait suffisamment par l'assimilation presque complète que la loi établit entre les renonciations à communauté et les renonciations à succession (1). Au surplus, il semble difficile en présence des art. 1453, 1524, al. 3 et 1527, al. 2 combinés, de contester que la renonciation de la femme commune soit l'exercice d'une faculté légale et même d'ordre public, plutôt qu'un droit né du contrat de mariage et à proprement parler conventionnel (2). En définitive, l'argument de la Cour de cassation pourrait porter en tant qu'il s'agit de renonciations à un usufruit conventionnel, s'il ne résolvait dans ce cas la question par la question. Car la situation étant identiquement la même, nous nous demandons précisément si de semblables renonciations n'ont pas un caractère conventionnel, comme le fait juridique qui a donné naissance au droit qu'elles ont pour but d'éteindre.

22. — L'article 2180 (3), nous l'avons déjà dit, semble constituer contre notre théorie une autre objection, pour le cas du moins où la main-levée intervient comme renonciation du créancier à l'hypothèque, sans extinction préalable de la créance. Il dispose en effet que

(1) V. notamment C. civ., art. 1454-1455, 778-9, 1453-1130, 1460-792, 1457-784, 1464-788, 1458-798, 1483-802, etc.

(2) V. Baud.-Lac., Le Courtois et Surville, *Du contrat de mariage*, t. I, p. 33.

(2) Alinéa 2º.

« l'hypothèque s'éteint par la renonciation du créancier »,
sans faire aucune allusion à l'acceptation du débiteur.
Mais, ce qu'il faut bien remarquer, c'est que l'article
2180 ne parle de la renonciation du créancier qu'à titre
purement énonciatif et qu'il est absolument étranger à
la question de savoir quels principes la régissent. Il
serait d'ailleurs bizarre qu'il vînt sur ce point contredire la solution précédemment donnnée par l'art. 2157.

Ce dernier texte en effet, exigeant pour la validité de
la main-levée l'expression d'un double consentement,
est formel dans le sens de notre opinion. Nous pensons
bien qu'on va nous objecter qu'il fait seulement allusion
à la radiation, mais celle-ci — qu'on ne l'oublie pas —
n'est qu'une opération matérielle effectuée par le conservateur en exécution de la main-levée : elle n'en est
à proprement parler que la mise en œuvre, et il est donc
vrai de dire qu'on exigeant « le consentement des parties
intéressées » pour la radiation, c'est de la main-levée
que le législateur entend parler.

23. — Il est certain que, pour échapper à l'argument
que nous tirons de l'art. 2157, il faut faire quelques frais
d'imagination. On lui oppose l'art. 2158, d'après lequel
le conservateur doit se faire représenter : « l'expédition
de l'acte authentique portant consentement », c'est-à-
dire, observe M. Guillouard (1), « renfermant l'expression de la volonté unilatérale du créancier. »

La réponse est vraiment trop facile, et il est fâcheux
que le nombre singulier du mot consentement ne la
justifie pas. L'art. 2158 tout d'abord ne s'occupe plus de
déterminer les conditions de la main-levée, le législa-

(1) p. 317.

teur vient de trancher cette question en exigeant : « un jugement... ou le consentement des parties intéressées. » Il résout uniquement la question de savoir quelles justifications peut exiger le conservateur, et il répond : L'acte portant consentement. De qui ? Des parties intéressées ; le texte précédent l'a dit, et il était manifestement inutile de répéter ses termes suffisamment explicatifs par eux-mêmes.

De sorte que, dans la théorie adverse, alors que l'on a une solution claire et indiscutable de la question dans l'art. 2157, on s'obstine à la chercher dans un texte qui n'a point pour but de la résoudre, et qui en réalité ne la tranche pas.

24. — Reste une dernière objection : Étant admis que l'art. 2157 exige pour la main-levée le consentement des parties intéressées, le débiteur n'aura jamais d'intérêt à la refuser et par suite dans tous les cas, elle devra être tenue pour efficace et parfaite sans acceptation de sa part.

Voilà, nous le reconnaissons, le point de contact entre notre théorie et le système général. Sans doute, il y a une certaine exagération à affirmer qu'en aucune hypothèse, le débiteur n'aura d'intérêt à contester en ce qui le concerne, l'effet extinctif de la main-levée, — et la jurisprudence, nous le verrons, est bien obligée de le reconnaître dans l'hypothèse d'une subrogation ; — mais malgré cela, il est évident que l'intérêt du débiteur sera, dans la plupart des cas, d'obtenir le plus tôt possible, une main-levée qu'il acceptera. Son acceptation tacite se traduira pratiquement par des faits, par exemple, en prenant le plus fréquent, par la radiation qu'il fera opérer. Mais ceci n'est pas une concession à la théorie générale, c'est une constatation de fait : la nature

conventionnelle d'un acte juridique n'implique aucunement la nécessité de l'expression formelle et expresse
des consentements : *eadem vis expressi ac taciti con-
sensus.*

25. — En réalité donc, et en considérant uniquement le
point de vue qui nous occupe actuellement, c'est-à-
dire la nature intime de la main-levée, notre opinion se
différencie beaucoup moins qu'il semble au premier
abord — plus dans les mots que dans les choses — de la
théorie généralement admise.

Néanmoins, et pour mieux faire saisir son caractère
d'illogisme, nous mettrons en relief plusieurs contradictions de la doctrine et de la jurisprudence.

26. — Il est universellement admis que la réduction des
inscriptions, que la loi suppose toujours demandée en
justice, peut être l'œuvre des parties (1). Nous disons à
dessein : des parties, car — et c'est là que nous prenons
la doctrine en défaut, — on considère que cette réduction
amiable ne peut résulter que d'une convention, et non
d'un acte unilatéral. MM. Baudry-Lacantinerie et de
Loynes invoquent ici l'art. 1134, et M. Troplong est
encore plus formel : « Toutefois, comme il n'y a rien de
plus naturel que de défaire par une convention ce
qu'une convention a formé, le créancier et le débiteur
peuvent faire un traité pour restreindre l'hypothèque
conventionnelle. »

Or, par sa nature même, la réduction n'est pas autre
chose qu'une radiation partielle (2), soit quant aux im-

(1) V. notamment Troplong, III, n° 749 ; Baud.-Lac. et de Loynes,
III, p. 197.

(2) P. 358. M. Guillouard échappe d'ailleurs complètement à
notre objection.

meubles grevés, soit quant à la créance garantie. Le traité qui intervient entre les parties et en vertu duquel elle sera opérée, n'est donc pas autre chose qu'une main-levée également partielle. C'est donc, il faut l'avouer, une singulière concession que l'on fait à notre théorie, et une large brèche qu'on ouvre dans le système général, en reconnaissant à une radiation partielle, qui ne diffère de l'autre que par son nom et son étendue, un caractère qu'on refuse à la radiation proprement dite.

26. — Au surplus, il serait peut-être facile de relever chez les auteurs, en cherchant bien, d'autres contradictions encore plus flagrantes, dans le genre de celle-ci : M. Troplong (1) admet bien que la main-levée de l'hypothèque soit un acte purement unilatéral, « qui n'exige pas l'acceptation du débiteur, » mais quatre lignes plus haut, au début du paragraphe, et en manière de rubrique, il annonçait qu'il allait traiter « de la radiation par consentement mutuel. » De même MM. Baudry-Lacantinerie et de Loynes (2), posent en principe que la main-levée peut être soit un acte unilatéral du créancier, soit le résultat d'une convention intervenue entre lui et le débiteur, sans qu'on voie très bien ni la raison d'être de cette distinction, ni le critérium qui permettra de distinguer, dans l'application, quand la main-levée sera et quand elle ne sera pas conventionnelle. C'est sans doute pour cette raison que, parlant des main-levées d'inscriptions auxquelles l'ordre consensuel peut donner lieu (3), les mêmes auteurs semblent les considérer

(1) P. 278, n° 738, *loc. cit.*
(2) N° 1821, p. 133, *loc. cit.*
(3) P. 187, n° 1899, *loc. cit.*

comme conventionnelles, sans nous en donner clairement le motif.

27. — Les solutions admises par la jurisprudence et
la doctrine pour le cas où la main-levée est consentie au
tiers acquéreur d'un immeuble hypothéqué, vont nous
fournir un autre argument contre la théorie générale.
On ne fait aucune difficulté pour considérer une semblable
renonciation comme le résultat d'une convention intervenue entre le créancier et le tiers acquéreur (1). En ce
qui concerne particulièrement la renonciation consentie
par une femme mariée à son hypothèque légale, la solution ne semble pouvoir faire aucun doute, et la loi du
13 février 1889, al. 3 l'a tacitement consacrée (2). Mais
allant plus loin, et dans toute hypothèse où la main-levée
est consentie à un acquéreur qui a employé son prix d'acquisition à désintéresser le créancier hypothécaire, on la
considère comme conventionnelle.

28. — On renverse donc complètement ici les principes
que l'on a tout d'abord posés. Sans doute, nous nous expliquons très bien ce brusque revirement : il était inévi-
table, car il fallait à tout prix dans cette hypothèse res-

---

(1) Baud.-Lac. et de Loynes, *loc. cit.*, p. 177 ; Civ. cass., 20 juin
1859 ; D., 59, 1, 254 ; S. ,59, 1, 853. Si le principe n'est pas énoncé
d'une façon formelle, il résulte clairement des solutions admises.

(2) Nîmes, 5 août 1862 : D., 64, I, 181-2, et sur pourvoi Cass.,
eod. loc. D'après la jurisprudence, l'acte de main-levée de l'hypothèque légale ou de renonciation de la femme à cette hypothèque
n'est un acte unilatéral que s'il est intervenu au profit d'un tiers,
sans que le mari y intervienne ou en bénéficie. Et même, dans cette
hypothèse, la Cour de Nîmes, en se bornant à dire « que la main-
levée peut valoir comme acte unilatéral » semble-t-elle lui reconnaître encore, en principe, un certain caractère conventionnel.

treindre les effets de la main-levée à l'égard des tiers (1).
Pour en arriver là on a été amené à consacrer exception-
nellement la nature conventionnelle de la main-levée.
Ce que nous admettons comme règle, on l'admet donc à
titre d'exception, mais nous ajoutons : d'exception irra-
tionnelle et injustifiée, constituant par là même une contradiction et entamant fortement le principe. On prétend,
il est vrai, justifier cette exception, en faisant remarquer
que la main-levée est ici translative et non plus seulement extinctive du droit du créancier (2). Nous le voulons
bien, mais est-ce là une raison juridique suffisante pour
la transformer en lui reconnaissant une nature toute différente de sa nature ordinaire et de droit commun, un
caractère fondamental absolument opposé? Nous le pensons d'autant moins qu'au vis-à-vis du créancier hypothécaire, dépouillé en toute hypothèse de son droit, l'acte
est toujours et invariablement le même.

29. — D'ailleurs il est d'autres hypothèses où la main-
levée n'a pas d'effet extinctif et dont nous serions
curieux de connaître la solution doctrinale et jurisprudentielle. Mais les auteurs les passent sous silence, et la jurisprudence ne semble pas encore avoir eu à s'y prononcer. Que décidera-t-on dans l'hypothèse où la main-levée
serait consentie à un créancier inférieur ayant effectué
le paiement, à l'un de plusieurs débiteurs tenus solidai-
rement et hypothécairement, ou à la caution d'une dette
hypothécaire, tous subrogés au même titre que l'acquéreur (3) ?

(1) Ces observations seront mieux comprises après l'étude des
effets de la main-levée, sur laquelle, dans un intérêt de méthode,
nous ne voulons pas anticiper.

(2) Art. 1251, 1°.

(3) Art. 1251, al. 1 et 3.

Que décidera-t-on encore, si la main-levée est consentie par le créancier au tiers dont il reçoit le paiement et qu'il subroge conventionnellement dans ses droits, ou au débiteur subrogeant, conventionnellement aussi, le prêteur de deniers (1) ?

30. — Autant d'hypothèses assez pratiques dont la solution ne laisse pas que d'être singulièrement délicate dans la théorie générale. La solution donnée pour la main-levée consentie au tiers acquéreur semble commander par analogie une solution semblable pour celle donnée à un autre tiers subrogé légalement. Quant à la subrogation conventionnelle, elle semble bien dans tous les cas devoir communiquer sa nature propre à la main-levée.

31. — Mais on peut voir par là à quelles contradictions et à quelles difficultés d'application aboutit le principe de la jurisprudence, et se convaincre que la raison et la logique plaident comme les textes en faveur de notre opinion. Pour nous en effet, la nature de la main-levée restant toujours invariable et identique à elle-même, aucune de ces questions ne saurait même se poser. Dans l'opinion adverse on en arrive au contraire à la départager sans raison juridique et suivant les hypothèses. Intervient-elle en faveur du débiteur lui-même ou d'un tiers qui a payé pour lui sans exiger la subrogation conventionnelle et sans pouvoir invoquer celle établie par la loi ? C'est un acte purement unilatéral. Est-elle au contraire consentie à un créancier inférieur ou à un tiers acquéreur, légalement ou conventionnellement subrogés ? Elle revêt alors un caractère bilatéral et contractuel. Est-il naturel de scinder ainsi *a posteriori* un acte juridique

____

(1) Art. 1250, al. 1 et 2.

suivant la personne de celui qui en bénéficie? N'est-il pas plus logique de lui reconnaître dans tous les cas et indépendamment de la qualité des parties en cause, une nature toujours adéquate et identique à elle-même, nature contractuelle comme celle du fait juridique dont il s'agit de détruire l'effet, mais avec ce même tempérament qu'un seul des consentements est soumis à la solennité et à la nécessité d'une manifestation expresse?

32. — Quoi qu'il en soit, un arrêt récent de la Cour de Pau (1) pourrait fournir à la jurisprudence les éléments d'une distinction. La Cour de Pau distingue : s'agit-il d'une renonciation pure et simple? La mainlevée n'a besoin d'être acceptée par personne. S'agit-il, au contraire, d'une renonciation consentie au profit d'une personne déterminée? Il en est alors tout autrement «... une pareille renonciation ne peut, en effet, que résulter d'une convention, qui suppose nécessairement accord de deux volontés, du cédant et du cessionnaire, ou constituer une libéralité qui ne peut produire effet que par l'acceptation du bénéficiaire. » Cette distinction serait sans doute susceptible de se concilier avec notre formule : nous ajouterions seulement alors que la renonciation pure et simple ne restera un acte unilatéral que provisoirement, tant qu'elle demeurera, pour ainsi dire, à l'état latent, mais que du jour où quelqu'un voudra se prévaloir de ses effets, où elle entrera véritablement en cause, elle revêtira nécessairement un caractère conventionnel, de la même façon et au même titre que la renonciation faite au profit d'une personne déterminée.

(1) Pau, 17 juin 1889 ; D., 90, 2, 21.

33. — Sans doute, ce n'est pas là ce qu'a voulu dire
la Cour de Pau (1). Elle pose en principe que la main-
levée est un acte unilatéral, et en cela elle adopte la solution de la jurisprudence et de la doctrine, mais notons
cependant que la distinction qu'elle préconise et que
l'annotateur de l'arrêt considère comme évidente, — outre
qu'elle ne nous paraît pas évidente du tout —, fait
brèche à la théorie générale. Ou la main-levée est un
acte conventionnel, ou elle un acte unilatéral, et dans ce
cas, ce n'est pas le fait qu'elle est consentie à une personne déterminée qui doit suffire à en transformer le
caractère et la nature. N'arrivera-t-il pas toujours un
moment où un intéressé s'en appropriera les effets, et,
sa volonté s'unissant à celle du créancier, transformera
l'acte unilatéral en une convention ? Et en réalité est-il
bien facile de concevoir une main-levée pure et simple
n'intervenant à proprement parler au profit de personne,
parce qu'elle est faite pour tout le monde ? L'hypothèse
est sans doute un peu fantaisiste. L'admission par la
Cour de Pau de ce principe que la main-levée est un

(1) L'espèce de l'arrêt est d'ailleurs, il faut le reconnaître, un peu
spéciale. Il s'y agit d'une renonciation, par un créancier, à son
rang hypothécaire, c'est-à-dire d'une cession d'antériorité, qui
n'avait pas été acceptée. Le Tribunal de Lourdes, et la Cour de Pau
après lui, en déduisent qu'elle est sans efficacité, et que le bénéficiaire doit être colloqué non pas à la date de l'inscription du cédant, mais à celle de sa propre inscription. La question se compliquait aussi de ce que, sitôt après la cession d'antériorité non
acceptée, le créancier cédant avait disposé de sa créance hypothécaire par voie de donation. Par suite, suivant les termes de l'arrêt,
il n'était plus nanti de sa créance au moment où s'était produit le
premier acte dont on pouvait, à la rigueur, inférer l'acceptation
du bénéficiaire.

acte unilatéral ne serait-elle alors qu'une simple concession théorique et de raison, à l'opinion générale, et l'arrêt ne consacrerait-il point en réalité — ce serait un premier pas — le système que nous préconisons? —

II. — *Nature extrinsèque de la main-levée conventionnelle.*

34. — La gravité de l'acte de main-levée vis-à-vis du créancier est analogue à celle que présente la constitution d'hypothèque pour le débiteur. C'est là certainement une des raisons qui ont déterminé le législateur à la soumettre, comme l'acte constitutif, à la nécessité de l'authenticité (1). Une jurisprudence qui a au moins pour elle le mérite d'être logique admet la validité de la mainlevée passée en brevet (2), comme elle admet celle de l'hypothèque constituée de la même façon (3). Les auteurs sont partagés (4). Notons que dans la pratique courante on ne se contente pas d'un acte en brevet.

35. — La gravité de la main-levée varie d'ailleurs suivant les circonstances dans lesquelles elle intervient, et l'on peut dire qu'à cet égard elle ne présente pas un caractère identique et permanent. En effet, intervient-

(1) C. civ., art. 2158.

(2) Trib. de Bourgoin, 11 juillet 1834; Grenoble, 23 juin 1836 et sur pourvoi Cass. req., 18 juillet 1838; Dalloz, *Répertoire*, *loc. cit.*, n° 2722.

(3) C. civ., art. 2148, al. 1er; Alger, 7 mai 1870; D., 71, 2, I.

(4) Dans le sens de la jurisprudence, voir notamment Baud.-Lac. et de Loynes, p. 148; Pont, t. II, n° 1074; Aubry et Rau, t. III, p. 390, etc.; Guillouard, p. 329. *Contra*, Boulanger et de Recy, p. 54, t. I; Troplong, t. III, n° 741. La loi belge du 16 décembre 1851 (art. 93) a consacré la solution de la jurisprudence française.

elle après l'extinction de la créance? Elle constitue alors un acte de pure et simple administration, nous dirons même de bonne administration. Au contraire, intervient elle sans extinction préalable de la créance? Elle équivaut alors — ne portât-elle que sur l'inscription — à une renonciation pure et simple (1) qui, loin de constituer un acte conservatoire, est un acte de disposition extrêmement dangereux, puisqu'il peut compromettre irrévocablement le sort même de la créance. Cette distinction de principe, qui domine entièrement la capacité en matière de main-levée d'hypothèque, est admise par tous les auteurs (2). Nous avons seulement voulu la rappeler pour mémoire, ayant prévenu par avance que nous n'insisterions pas sur ce point.

III. — *Portée de la main-levée.*

36. — Nous ferons la même observation en ce qui concerne la portée de la main-levée. D'ailleurs, les quelques explications que nous avons fournies sur ce point au début de cette étude, nous ont suffisamment éclairé. Nous savons que la portée de la main-levée est extrêmement variable, nous savons aussi comment elle doit être appréciée d'après l'intention expresse ou tacite des parties, à défaut d'après les principes qui président à l'interprétation des renonciations, c'est-à-dire et avant tout, d'une façon éminemment restrictive, et enfin d'après les circonstances du fait.

(1) Que l'on renonce au rang de l'hypothèque ou à l'hypothèque elle-même, l'objet de la renonciation peut varier, mais l'acte en soi est toujours le même : il constitue toujours une renonciation.

(2) Cf. Baudry-Lac. et de Loynes, p. 136 et suiv. et les auteurs qu'ils citent. *Adde* Guillouard, *loc. cit.*, p. 318 et suiv.

B. — De la main-levée judiciaire

37. — Nous savons qu'à côté de la radiation volontaire, opérée en vertu d'une main-levée librement consentie et acceptée, il existe une radiation judiciaire. Le terme est impropre, car dans ce que l'on est convenu d'appeler de ce nom, ce n'est pas à proprement parler la radiation qui est judiciaire, c'est la main-levée : — l'opération de la radiation sera toujours identiquement la même, et ne changera pas de caractère. Seulement il n'y aura plus de renonciation librement et volontairement consentie : ce sera un jugement ou en tout cas, un acte émané de l'autorité judiciaire, qui en tiendra lieu.

Nous croyons donc plus méthodique et plus rationnel d'examiner ici les art. 2159-60 du Code civil, 751, 759, 777 du Code de procédure.

I. — *Du jugement ordonnant la radiation.*

38. — L'art. 2160 indique quatre cas dans lesquels la radiation doit être ordonnée par les tribunaux : inscription non fondée sur la loi ou sur un titre, prise en vertu d'un titre irrégulier, inscription prise en vertu d'un titre éteint ou soldé, ou révélant un droit d'hypothèque effacé par les voies légales. Nous renfermant toujours dans les limites de notre sujet, nous nous contenterons, en ce qui concerne ce texte, de deux observations.

39. — En premier lieu, il n'est pas sans intérêt de remarquer que la main-levée à laquelle équivaut le jugement ordonnant la radiation, peut, comme la main-levée volontaire, porter sur l'hypothèque elle-même ou seule-

ment sur l'inscription (1). En effet, ou bien l'hypothèque a disparu, — soit avec la créance, soit indépendamment de la créance (2) — et alors il n'y a lieu que de faire disparaître l'inscription désormais sans raison d'être, ou bien au contraire, il s'agit d'une hypothèque parfaitement valable, mais qui a été rendue publique trop tôt. Par exemple, c'est un créancier, qui, s'étant engagé à ne prendre inscription qu'à une époque déterminée, s'inscrit auparavant en violant la loi du contrat, ou qui, ayant obtenu contre le débiteur un jugement de reconnaissance ou de vérification d'écriture, s'inscrit avant l'échéance de la dette par contravention à l'article 1 de la loi du 3 septembre 1807. Dans tous ces cas évidemment, le jugement ne pourra porter que sur l'inscription, l'hypothèque subsistant, et sauf au créancier à en prendre une nouvelle à l'époque où il en aura le droit.

40. — Quoi qu'il en soit, et à vrai dire, les instances en radiation ne présentent pas de caractères bien spéciaux, c'est à juste titre qu'on les a qualifiées : « actions négatoires d'un droit réel ». Elles nous apparaissent en effet comme des demandes réelles, de la compétence du tribunal où l'inscription a été prise, c'est-à-dire de la situation de l'immeuble grevé (2). L'exception apportée par la loi à ce principe n'est qu'une application de la règle générale que formule l'article 171 du Code de procédure pour les cas de litispendance et de connexité (3).

______

(1) V. à ce sujet quoiqu'à propos d'une autre question, Req., 1er Prairial an XII ; Dalloz, *Répert.*, n° 2793.

(2) Art. 2159.

(3) Il y a également exception au principe de la compétence du tribunal de la situation au cas de prorogation de juridiction. La

41. — Enfin, le jugement qui ordonne la radiation est, sans contredit, un jugement de condamnation, dont la radiation opérée sera précisément l'exécution. Il en résulte que, même en faisant abstraction de l'article 443 C. procéd., où la loi s'occupe uniquement de déterminer le point de départ du délai d'appel, et — nous allons plus loin — sans même faire intervenir dans la question l'article 548 du même Code, on doit exiger sa signification à avoué, s'il y a avoué en cause, et, dans tous les cas, à partie. C'est la règle posée par les articles 147 et 155 du Code de procédure.

42. — Seulement, alors qu'en thèse générale la signification peut, aux termes de l'article 111 du Code civil, être faite indifféremment au domicile réel ou au domicile élu par la partie condamnée, nous prétendons qu'ici la signification à partie ne peut être faite qu'au domicile réel. Les articles 111, 2148 et 2156 du Code civil, sur lesquels certains auteurs se sont appuyés pour soutenir l'opinion contraire, et prétendre que la signification pouvait être faite au domicile élu dans l'inscription, n'infirment en rien cette solution. L'article 548 C. procéd., en exigeant d'une façon formelle la signification « au domicile réel de la partie condamnée » apporte une exception au principe posé par ces textes. Il revient ainsi

convention attributive de compétence n'a d'ailleurs effet qu'entre les parties. V. art. 2159, al. 2. — C'est à tort que l'on a soutenu que la demande en main-levée était dans tous les cas dispensée du préliminaire de conciliation. V. art. 48-49. C. procéd. En ce sens Boulanger et de Récy, t. II, p. 208; Baud.-Lac. et de Loynes, p. 158; Cass., 7 novembre 1853; D., 54, 1, 177. *Contra* : Grenier, 1-96; Troplong, n° 744 *bis*; loi belge de 1851, art. 94.

purement et simplement à la règle de droit commun posée
au Code de procédure (1).

43. — Nous devons donc convenir que notre règle de
symétrie est ici, dans une certaine mesure tout au moins,
mise en défaut. En effet, alors que l'hypothèque résultant
d'un jugement de condamnation peut être inscrite avant
la signification de celui-ci (2), nous voyons au contraire
que la radiation, également ordonnée par un jugement,
ne peut être effectuée qu'après sa signification. Mais il
ne faut pas s'en étonner; cette différence, que les textes
consacrent, résulte des principes et de la nature même
des choses : l'inscription d'une hypothèque est un acte
conservatoire, la radiation est un acte d'exécution.

II. — *Des main-levées susceptibles de se produire ou
d'être ordonnées au cours d'un ordre.*

44. — La procédure d'ordre, ou « procédure de distribution des sommes provenant de la vente de biens
immobiliers entre les créanciers ayant sur eux privilège
ou hypothèque », peut donner lieu à des main-levées
qui tantôt seront soumises aux règles ordinaires, tantôt
présenteront des caractères tout spéciaux. Mais ici une

(1) Dans notre sens : Boulanger, p. 258, t. II; Baud.-Lac. et de
Loynes, p. 164 et les auteurs qu'ils citent. *Adde* Guillouard, p.348;
Décis. ministérielle des 21 juin et 5 juillet 1808.

(2) Qu'il s'agisse de jugements en premier ou en dernier ressort,
contradictoires (Rouen, 20 mars 1877; D., 77, 2. 78; Chambéry,
22 déc. 1879; S., 80, 2, 241) ou par défaut (Riom, 6 mai 1809: S.,
10, 2, 39; Rouen, 27 mai 1834; S., 34, 2, 570; Paris, 23 juillet 1840;
Dalloz, v° c°, n° 1158. Mais évidemment, l'efficacité de l'hypothèque
dépendra du résultat de l'opposition ou de l'appel auxquels on aura
pu recourir.

observation générale s'impose, qui devra dominer toute la question. L'ordre rend possibles et même nécessaires des main-levées judiciaires, exclusives de tout consentement de la part du créancier, et comparables par là à la main-levée qui résulte du jugement ordonnant la radiation en vertu de l'art. 2160. Dans les deux cas il y a radiation ordonnée par justice, et cependant il existe entre eux une différence essentielle. La radiation effectuée en vertu du jugemont dans le cas de l'art. 2160 opère d'une façon absolue et *erga omnes*. Au contraire celle ordonnée au cours d'un ordre n'a qu'un effet relatif, limité aux rapports des créanciers privilégiés ou hypothécaires entre eux. L'ordre en effet n'est pas par lui-même un mode d'extinction des hypothèques, et les radiations auxquelles il peut donner lieu ne sont prescrites que dans le but de faciliter la distribution du prix entre les créanciers. Il en résulte que vis-à-vis du débiteur le créancier dont l'inscription aura été radiée en vertu de l'ordonnance du juge, conservera le droit de s'inscrire à nouveau. Il est donc vrai de dire que la radiation ordonnée au cours d'un ordre n'a qu'un effet purement relatif(1) en supposant naturellement que l'hypothèque révélée par l'inscription radiée n'ait pas été atteinte par l'un des modes d'extinction qui lui sont propres.

(1) V. en ce sens : Guillouard, *loc. cit.*, p. 348 et la jurisprudence qu'il cite ; Baud.-Lac. et de Loynes, p. 195 et tous les auteurs. MM. Boulanger et de Récy semble partager également cette opinion. V. t. II, p. 383. De plus et en toute hypothèse, il est bien certain ue la radiation d'une inscription ne peut être légalement et valablement ordonnée qu'en tant que celle-ci porte sur les immeubles qdont le prix a été distribué. V. Aix, 8 novembre 1862; D., 63, 2, 76.

1. — Ordre consensuel.

45. — L'ordre consensuel n'est pas autre chose que la répartition conventionnelle du prix entre les divers ayant-droit. Il suffit, pour démontrer sa validité, d'invoquer l'art. 1134 et le grand principe de la liberté des conventions. Il est d'ailleurs soumis à toutes les règles de celles-ci et par sa nature même, pour être définitif et opposable à tous, il exige le consentement unanime de tous les intéressés : saisi, adjudicataire, créanciers inscrits ou dispensés d'inscriptions (1) ; ceci suffit à nous indiquer que les main-levées susceptibles d'être consenties au cours d'un ordre consensuel seront soumises à toutes les règles ordinaires et de droit commun, qu'il s'agisse par exemple de la forme solennelle (2) ou de la capacité des parties. Elles ne présentent en effet par elles-mêmes aucun trait particulier, si ce n'est les circonstances dans lesquelles elles interviennent.

2. — Ordre amiable.

46. — Un point constant en ce qui concerne l'ordre amiable, c'est qu'il tient à la fois de la convention et du jugement, qu'il est une opération mixte et, en quelque sorte hybride, mais grave est la controverse qui s'agite sur la question de savoir quel est, de ces deux éléments, celui qui doit prévaloir sur l'autre. Question qui, malgré ses nombreuses et importantes conséquences pratiques, n'est pas encore tranchée en jurisprudence (3).

(1) C. civ., art. 1165.
(2) V. cependant Rousseau et Laisney, t. VI, p. 362, n° 7.
(3) La Cour de cassation ne s'est pas encore prononcée, les Cours d'appel sont divisées.

47. — Voici à cet égard l'interprétation qui nous paraît la plus conforme au texte et à l'esprit de la loi : L'ordre amiable est, par sa nature, une convention pure et simple. C'est, comme on l'a fort bien dit, « un essai d'arrangement que la loi place au seuil de l'ordre judiciaire ». On l'a justement comparé à la tentative de conciliation, il est en effet le préliminaire de conciliation obligé de l'ordre judiciaire ; seulement, — et c'est ce qui l'en différencie, — il ne suppose par lui-même ni l'existence d'une contestation, ni la capacité de transiger des parties, et le nombre de celles-ci n'y met point obstacle.

Et dès lors il était superflu que le législateur se prononçât explicitement sur son caractère et sa nature. Un arrangement, une convention, supposent avant tout le consentement unanime des parties, aussi ne faut-il pas s'étonner que l'art. 754 exige, pour qu'on puisse procéder à l'ordre amiable, celui de tous les intéressés (1). Sans doute, la non-comparution de l'un d'eux n'aura pas toujours et nécessairement pour résultat d'empêcher qu'on puisse parvenir à un arrangement amiable ; ainsi s'il s'agit de créanciers colloqués intégralement en ordre utile et dont la collocation ne fait l'objet d'aucune contestation, ou dont le droit hypothécaire est dès à présent éteint, quoique leur inscription subsiste encore. Dans tous les cas, d'ailleurs, le juge commissaire sera fondé à procéder à une nouvelle convocation vis-à-vis des créanciers non comparants, mais ce qu'il faut remarquer, c'est qu'en dehors de l'amende de l'art. 751, l'absence de ces créanciers est sans sanction, nous vou-

(1) Bordeaux, 13 mai 1863 ; S., 63, 2, 243 ; Caen, 25 mai 1863 ; S., 63, 2, 241. V. cependant Montpellier, 23 juillet 1869 ; S., 70, 2, 44.

lons dire par là que le juge n'a aucun moyen direct ou indirect de les forcer à comparaître, et que le règlement amiable, sauf dans les hypothèses que nous venons d'indiquer, deviendra ainsi et par leur fait, impossible. Les créanciers non comparants, ou ceux comparants qui refusent sans motif leur consentement à l'ordre amiable ne peuvent même pas, suivant l'opinion générale, être condamnés soit à des dommages-intérêts, par application de l'art. 1382 C. civ., soit aux dépens, en vertu de l'art. 130 C. procéd. (1). A notre avis, l'art. 130 est hors de cause; en ce qui concerne l'art. 1382 nous réserverions avec soin l'hypothèse de dol ou de fraude.

47. — Il ressort de ces considérations que des deux éléments dont on constate l'existence en considérant la nature de l'ordre amiable, c'est l'élément consensuel qui doit prévaloir. Le règlement amiable est une convention pure et simple. Seulement, — et voici la part de l'élément judiciaire, — le juge est appelé à constater l'existence de cette convention, à la sanctionner, et à lui imprimer la force exécutoire. Il faut ajouter que le règlement amiable a lieu « sous sa médiation » et « qu'il ne donne sa sanction à l'arrangement des créanciers qu'autant qu'il le trouve conforme aux règles de la justice » (2). Ou, si l'on veut, la loi distingue dans l'ordre amiable deux phases, où chacun de ses éléments prédomine à tour de rôle : dans la première, l'élément consensuel, dans la deuxième, l'élément judiciaire. Et, remarquons-le, au moment où le juge commissaire pres-

(1) Les dépens de l'ordre amiable. Pourtant, d'après quelques auteurs, il s'agirait même des dépens de l'ordre judiciaire auquel il aura fallu, à cause d'eux, recourir.

(2) Termes de la circulaire ministérielle du 2 mai 1859.

crit, conformément à l'art. 751 § 5, la radiation des inscriptions non coll quées, on se trouve dans la deuxième phase, dans la phase judiciaire de l'ordre amiable; par où l'on voit que cet exposé était indispensable pour nous permettre de déterminer la nature et le caractère de ces ordonnances de main-levée. C'est la seule solution — peut-être illogique nous en convenons, puisque le règlement est une convention — que l'on puisse soutenir en présence des termes de la loi, qui tire de ce principe caché, de cette scission de l'ordre amiable en deux phases successives, les conséquences suivantes :

48. — Les inscriptions sont rayées sur la présentation d'un extrait, délivré par le greffier, de l'ordonnance du juge » (1). Le conservateur ne peut exiger la présentation du procès-verbal. Il exécute purement et simplement une décision judiciaire, il n'a à s'enquérir ni de la compétence du juge dont elle émane, ni du consentement des parties ou de leur capacité.

49. — En second lieu la loi n'organise soit contre l'ordonnance de radiation, soit contre le règlement amiable dont elle est la conséquence, aucune voie de recours (2). Loin d'être en contradiction avec le système adopté par la loi, c'en est une conséquence directe. L'ordre du magistrat couvrant, ou pour mieux dire, supprimant la responsabilité du conservateur, lui enlève tout droit de contrôle et d'appréciation, le réduit à un rôle purement passif, tout différent de celui qu'il

(1) C. procéd., art. 751, 6°.

(2) Paris, 8 déc. 1874; D., 76, 2, 219; Rouen, 17 juin 63; D., 64, 2, 35; Amiens, 17 juillet 1868; S., 68, 2, 257; Aix, 13 mars 1860; *Journ. des Conservateurs*, 1592; Dijon, 5 février 1863. *Contra* : Grenoble, 20 mars 1867; S., 67, 2, 213.

joue dans l'hypothèse d'une main-levée volontaire, mais l'ordonnance reste toujours ce qu'elle est en réalité : la constatation et la sanction de la convention intervenue entre les parties. Elle a donc par elle seule l'autorité de la chose jugée, ou pour mieux dire, il ne saurait être question, en ce qui la concerne, de voies de recours quelconques. On sait, d'ailleurs, qu'en ce qui concerne les créanciers colloqués, il n'y aura jamais lieu à radiation ordonnée par le juge, la main-levée sera soumise aux règles ordinaires (1), solution très logique, en harmonie avec celle donnée par l'article 771 pour l'ordre judiciaire, et qui résulte à n'en pas douter de l'article 751, 5e alinéa.

Il resterait seulement à se demander si le règlement amiable ne pourrait pas être attaqué par l'une des actions en nullité du domaine de l'article 1304 du Code civil (2).

50. — Nous n'avons rien à dire, quels que soient leur nombre et leur importance, des autres conséquences qui résulteraient de l'opinion que nous venons d'adopter sur la nature de l'ordre amiable.

3. — Ordre judiciaire. Des caractéres de l'ordonnance de clôture.

51. — Le rôle du juge commissaire clôturant l'ordre varie sans doute suivant que le règlement provisoire n'ayant pas été contesté, est devenu définitif (art. 759) ou qu'au contraire il a fait l'objet de contestations tranchées par le Tribunal. Dans le second cas le juge n'a qu'à interpréter et exécuter les déci-

(1) C. civ., art. 2158 et suiv.

(2) V. pour l'affirmative : Trib. d'Avesnes, 13 février, et Douai, 12 août 1869 ; S., 69, 2, 319 ; Amiens, 17 juillet 1868 précité. Cf. système intermédiaire : Paris, 8 décembre 1874 précité.

sions rendues sur les contredits, et il doit s'y confor-
mer strictement ; dans le premier, au contraire, le règlement provisoire est devenu en quelque sorte conventionnel par l'acceptation tacite des parties qui se sont
abtenu de le contester, et le juge commettrait un excès
de pouvoir en le modifiant sans leur consentement : il
n'a qu'à le sanctionner et à lui imprimer, par son ordonnance de clôture, un caractère définitif. Mais en toute
hypothèse, — et c'est ce qu'il nous importe de remarquer, — cette ordonnance est un acte de la juridiction
contentieuse.

52. — De là deux conséquences : elle est susceptible de
voies de recours, et son exécution n'est possible contre
les tiers qu'après avoir acquis l'autorité de la chose
jugée. L'opposition, prévue par l'art. 767, sanctionnera
cette obligation du juge de respecter ou son règlement
provisoire, ou les décisions rendues sur les contredits ;
pour l'appel l'art. 767 renvoie aux art. 761 et suivants
tant en ce qui concerne les questions de forme et d'instruction que celle de délai. Outre cela, elle sera susceptible de tierce opposition de la part des créanciers qui
n'auront été ni parties ni représentés au jugement qu'on
leur oppose (1). Nous avons à l'étudier en tant qu'elle
équivaut à la main-levée, c'est-à-dire en tant qu'elle prescrit la radiation des inscriptions portant sur l'immeuble
dont le prix a été distribué.

a) CRÉANCIERS NON PRODUISANTS.

53. — La forclusion prononcée par l'art. 755 à l'égard
des créanciers qui n'ont pas produit dans le délai légal

(1) Paris, 21 mai 1835 ; S , 35, 2, 353 ; Cass., 30 mai 1837 ; Nancy,
27 juin 1846.

entraîne-t-elle obligation pour le juge commissaire d'ordonner la radiation de leurs inscriptions ? Question très
controversée, que la jurisprudence la plus récente in-
cline à résoudre affirmativement (1). Cette interprétation
est, à notre avis, la seule qui soit conforme au texte de
la loi. Quelles sont en définitive, les inscriptions dont la
loi prescrit la radiation ? Ce sont celles des créanciers
non colloqués (art. 759-769) ; or les créanciers forclos ne
sont pas colloqués.

A cela on objecte, il est vrai, que malgré la forclusion
ces créanciers conservent leur action personnelle et hypothécaire sur le reliquat du prix qui subsistera après le
paiement des créanciers colloqués ; qu'ils viendront sur
ce reliquat, non pas seulement par préférence aux créanciers chirographaires, mais aussi dans l'ordre de leurs
propres inscriptions (2). Nous répondrons simplement
que la radiation opérée n'entravera en aucune façon ce
résultat. L'ordre suppose le prix de l'immeuble définitivement fixé par la purge ou l'adjudication sur saisie et sa
transcription. Il suppose en d'autres termes que l'inscription a produit son effet légal, et de même qu'à ce
moment disparaît l'obligation de renouvellement, de
même doit-on décider que la radiation opérée n'empê-
chera pas les créanciers forclos d'exercer leurs hypothèques sur le reliquat du prix. Ils conservent donc, malgré
la radiation de leurs inscriptions, leur droit hypothécaire,
mais ils ne pourront l'exercer que si l'intégralité du prix
n'est pas absorbée par les créanciers colloqués en ordre

(1) Tribunal de Saint-Yrieix, 30 décembre 1851 ; J. C., 1044. V.
les considérants de Cass., 6 avril 1875 ; S., 75, 1, 305. *Contra* : Boulanger et de Récy, II, p. 395.

(2) Cass. rej., 17 mai 1859. V. Seligman, p. 337.

utile, et même dans ce cas ils devront subir, sur le reliquat, la préférence des créanciers qui, ayant produit, n'ont pu être colloqués utilement.

b) CRÉANCIERS PRODUISANTS NON COLLOQUÉS.

54. — Leurs inscriptions sont rayées, à la diligence de l'avoué poursuivant, sur la présentation d'un extrait, — délivré par le greffier, — de l'ordonnance du juge (1).

Cette obligation imposée à l'avoué constitue une innovation de la loi de 1858. Il justifie de son accomplissement par le dépôt au greffe du certificat de radiation. Jusque là — c'est la sanction — il ne peut exiger la délivrance du bordereau de collocation auquel il a droit pour ses frais (2). On s'accorde d'ailleurs pour admettre que l'extrait délivré par le greffier ne comporte, aux termes de l'art. 769, que la signature de celui-ci, qu'il n'exige ni celle du président ou du juge commissaire, ni même l'apposition de la formule exécutoire. Par ailleurs, c'est un simple extrait de l'ordonnance ; la loi n'exige en aucune façon qu'il soit donné copie au conservateur du règlement définitif et des collocations admises.

c) CRÉANCIERS COLLOQUÉS.

55. — La radiation des inscriptions colloquées en ordre utile se présente sous un jour tout différent. D'après l'art. 771 du Code de procédure, nous nous trouvons ici en

(1) Art. 769-770.

(2) L'avoué a droit, pour faire rayer les inscriptions, à une vacation de 4 fr. 50, 5 fr. 40 ou 6 francs (art. 137, § 1 du tarif). La vacation relative au dépôt au greffe du certificat de radiation est de 2 fr. 25, 2 fr. 70 ou 3 francs. Il y a lieu d'appliquer ici par analogie l'art. 91 du tarif.

présence d'une main-levée conventionnelle, ordinaire, intervenant comme conséquence de l'extinction de la créance par le paiement. L'inscription étant désormais sans cause, la justice n'interviendra qu'au cas de refus du créancier, et dans ce cas, le condamnera, et à ses frais, à la radiation.

C'est donc avec raison que l'on a vu dans l'art. 771 « un retour au droit commun ». Pour les règles relatives au consentement et à la forme, on n'a qu'à se reporter aux art. 2157 et suiv. C. civ., dont l'art. 771 du Code de procédure n'est, à vrai dire, qu'une application. Ce qu'il importe de noter, c'est que la radiation est ici définitive et a un effet absolu, le droit hypothécaire étant éteint. Le montant des frais de la radiation des inscriptions colloquées, liquidé par le juge, est distrait, en faveur de l'adjudicataire, du montant de chaque bordereau. On s'accorde en effet pour admettre que le 2ᵉ alinéa de l'art. 759 ne s'applique qu'aux inscriptions des créanciers colloqués, la 2ᵉ partie du 1ᵉʳ alinéa visant au contraire les frais de radiation des inscriptions non colloquées (1).

4. — *Consignation* (art. 777 C. procéd.).

56. — L'hypothèse de l'art. 777 doit retenir un instant notre attention. La faculté qu'il accorde à l'acquéreur ou à l'adjudicataire de faire prononcer la radiation des inscriptions avant la clôture de l'ordre, suppose la réunion de deux conditions : la consignation effectivement opérée du prix fixé lui-même, on le suppose, d'une

(1) *Sic* Garsonnet, p. 692.

façon irrévocable à l'égard des créanciers, et une procédure en validité. Cette procédure est la même pour l'acquéreur sur vente volontaire et pour l'adjudicataire sur saisie, si la consignation est opérée après l'ouverture de l'ordre ; la sommation de prendre communication de la demande en validité et de la contester sera faite au vendeur amiable comme elle l'est, dans le second cas, au saisi (1). La consignation est-elle au contraire opérée avant l'ouverture de l'ordre ? la loi fait alors une distinction : s'il s'agit d'une vente volontaire, l'acquéreur doit au préalable sommer son vendeur — supposé solvable — de lui rapporter sous quinzaine, main-levée des inscriptions, en lui faisant connaître le montant des sommes qu'il entend consigner. Aucune sommation semblable n'est requise s'il s'agit d'une adjudication sur expropriation forcée, la loi supposant avec raison l'insolvabilité du saisi. Hormis cette différence, la procédure est identique dans les deux cas : faute de contestations dans la quinzaine à compter de la sommation par acte du Palais que prescrit le §3 du texte, le juge ordonne la radiation des inscriptions. Et celle-ci, notons-le bien, sera toujours, même en cas de contestations, opérée en vertu de la seule ordonnance du juge. Car de deux choses l'une : ou la contestation est admise, et, la consignation étant irrégulière, il n'y a pas lieu à radiation, ou elle est rejetée, et alors l'ordonnance recouvre toute sa force et sort son plein et entier effet.

57. — Il est, de plus, intéressant de remarquer qu'ici, contrairement à ce qui se passe dans l'ordre judiciaire sans consignation, les inscriptions colloquées elles-mêmes sont, tout comme celles non colloquées, rayées en

____

(1) Agen, 28 juin 1870 ; S., 70, 2, 291. V. Seligman, n° 677.

vertu de l'ordonnance du juge (1). Différence assurément rationnelle : le versement du prix, dans notre hypothèse, ne nécessite plus l'établissement de relations d'aucune sorte entre les créanciers et l'acquéreur ou adjudicataire ; ce n'est pas contre celui-ci, mais bien contre la Caisse des Dépôts et Consignations que seront exécutoires les bordereaux délivrés aux créanciers colloqués (2). Par la validation de la consignation effectuée, le prix a acquis une existence propre et en quelque sorte indépendante des parties en cause. Il est donc naturel de décider que les créanciers colloqués n'ont pas à consentir de main-levée à l'acquéreur ou adjudicataire dont la consignation a été validée, qui par ce seul fait se trouve libéré de ses obligations et a droit à la radiation des inscriptions existant sur l'immeuble.

58. — Quelques auteurs se sont demandé si, au cas de vente amiable, et en supposant que l'ordre ne fût pas encore ouvert, le vendeur pourrait empêcher la consignation en rapportant dans le délai la preuve du consentement des créanciers à la radiation de leurs inscriptions. La lettre du texte semble sans doute favoriser une réponse affirmative. Nous estimons cependant avec plusieurs auteurs (3) qu'il est préférable de répondre négativement ; que le vendeur doit procurer l'immeuble affranchi de toutes inscriptions, sans qu'on puisse, en faveur de l'opinion contraire, tirer argument de l'art. 771,

(1) Art. 777, al. 3, « avec maintien de leur effet sur le prix. »

(2) On en décidait ainsi même avant la loi de 1858, malgré l'absence de texte sur ce point. V. Riom, 19 janvier 1820 ; S., 20, 2, 158 ; Chauveau, n° 2612.

(3) V. notamment Seligman, n° 670, avec le même tempérament pour la possibilité d'une prorogation de délai.

qui, ayant en vue les inscriptions des créanciers colloqués, prévoit une tout autre hypothèse, et sauf à accorder au vendeur amiable une prorogation de déla* pour
rapporter la justification de la radiation effective de ces
inscriptions.

59. — Au reste, et dans tous les cas, la radiation des
inscriptions n'est prononcée par le juge « qu'avec maintien de leur effet sur le prix ». L'immeuble est seulement
affranchi du droit de suite. L'ordonnance de validation
de la consignation et de radiation des inscriptions est
en général considérée comme n'étant pas susceptible de
recours (1). Un pourvoi en cassation serait cependant
possible pour excès de pouvoir, si le juge avait statué
avant l'expiration du délai légal.

5. — *Du Règlement de l'ordre à l'audience.*
Art. 773. C. proc.

60. — S'il y a moins de quatre créanciers inscrits,
l'ordre est réglé, par le Tribunal lui-même, jugeant
comme en matière sommaire. C'est donc également le
Tribunal qui prononcera la main-levée des inscriptions
non utilement colloquées, en ordonnant leur radiation.
Son jugement est d'ailleurs, en ce qui concerne les voies
de recours, soumis aux règles du droit commun. C'est
ainsi que l'opposition est recevable contre lui (2), et
qu'il peut y avoir lieu ici au défaut profit-joint. L'art. 773
en effet ne renvoie point à l'art. 762 et ne répète pas

(1) *Id.*, Seligman, n° 655. *Contra* : Bioche, v° Ordre, n° 103 ; Dalloz, v° Ordre, n° 614.

(2) V. notamment pour le cas de défaut simple, Marseille, 29 août
1873 ; *Journ. de l'Enregistrement,* n° 19555.

davantage sa disposition. Néanmoins quelques règles spéciales résultent du texte lui-même. Tout d'abord, le renvoi exprès à l'art. 764 nous indique que les arrêts par défaut, dans les instances en attributions de prix, ne sont pas susceptibles d'opposition. De plus, s'il est exact qu'ici et toujours pour la même raison le délai d'appel soit celui de droit commun (1), il n'est pas moins vrai que le point de départ ordinaire est changé, l'art. 773 édictant que le jugement d'attribution ne doit être signifié qu'à avoué s'il a été rendu contradictoirement.

APPENDICE. — DE LA RÉDUCTION DES INSCRIPTIONS.

61. — Comme la radiation, la réduction peut être conventionnelle ou judiciaire. Dans le premier cas elle est consentie sous forme de main-levée et soumise, à notre avis, à toutes les règles de celle-ci (2). Quant à la réduction judiciaire elle n'est aussi qu'une radiation partielle ordonnée par justice. Au surplus, dans les deux hypothèses, la réduction peut être opérée de deux façons différentes : on réduit une inscription soit quant à la créance garantie, soit quant à l'immeuble grevé. On sait d'ailleurs qu'en ce qui concerne les hypothèques conventionnelles, la réduction quant à l'immeuble grevé ne peut en aucun cas en être ordonnée. Ce n'est là qu'une conséquence du

---

(1) L'art. 773 ne renvoie pas à l'art. 762 ; Nancy, 23 mars 1874 ; S., 75, 2, 262 ; Chambéry, 19 novembre 1877 ; S., 78, 2, 5.

(2) Pour les particularités relatives aux hypothèques légales des incapables, V. C. civ., art. 2143 et suiv.

principe de la liberté des conventions et de celui de l'in-
divisibilité de l'hypothèque (1).

(1) Art. 2161, al. 2; Baud.-Lac. et de Loynes, *loc. cit.*, p. 202 et
les auteurs qu'ils citent. *Adde* Guillouard, n° 1474.

CHAPITRE II

A. Principes.

62. — La théorie des effets de la main-levée non suivie
de radiation semble considérée, dans l'opinion courante,
comme une dépendance de celle admise sur la nature
même de la main-levée (1). Suivant une doctrine formulée d'une façon on ne peut plus générale, les effets de la
main-levée ne sont aucunement subordonnés à l'accomplissement de la radiation, et cela, qu'il s'agisse des rapports des parties entre elles ou de leurs rapports avec les
tiers, qui peuvent s'en prévaloir dès l'instant même.

« L'effet de la main-levée n'a pas besoin, pour se produire, que la radiation soit effectivement opérée, il se
rattache à l'acte même de main-levée. Dès que cet acte
est consenti, il a toute son efficacité, et, avant même que
le conservateur ait rayé matériellement l'inscription hypothécaire, l'immeuble s'en trouve dégrevé » (2). Et le

(1) Les décisions de jurisprudence et les auteurs associent presque toujours ces deux idées : nature unilatérale de la main-levée,
conséquences immédiates et instantanées de celle-ci, sans radiation opérée. V. les arrêts cités, *infra.*

(2) Pont sur Marcadé, t. XI, n° 1105, p. 463.

principe est posé de la même façon, que la main-levée
ait pour objet le droit hypothécaire lui-même ou seulement l'inscription (1). La jurisprudence est conforme à
la doctrine des auteurs (2). Deux arrêts d'Orléans, des
8 août et 29 novembre 1889, le premier sanctionné par
la Cour de cassation (3) résument assez bien son état actuel sur ce point : « La main-levée d'une inscription hypothécaire avec désistement de tous droits d'hypothèque,
consentie par un créancier, constitue une renonciation
à un droit réel, irrévocable dès l'instant où elle est faite,
et profite immédiatement aux autres créanciers hypothécaires et chirografaires du débiteur indépendamment
de toute acceptation de leur part et de toute radiation de
l'inscription ». (Arrêt du 29 nov.)

63. — Les considérations dans lesquelles nous sommes
entrés sur la nature de la main-levée, faisaient déjà pré-
voir que nous ne partagerions pas, sur ce point encore,
l'opinion courante. Loin de nous satisfaire, elle nous

(1) Baud.-Lac. et de Loynes, p. 177, n⁰ 1890. *Sic* Guillouard,
p. 352 ; Martou, n° 1215 ; Dalloz, *Répert.*, n° 2721 ; Boulanger et
de Récy, t. I, p. 11.

(2) V. notamment Cass., 4 janvier 1831 ; Dalloz, *Répert.*, n° 2722 ;
Cass., 2 mars 1830 ; S., 30, 1, 342 ; Agen, 19 mai 1836 ; Dall., *loc.
cit* ; Trib. d'Angoulême, 22 février 1888 ; Trib. de Châlons-sur-
Saône, 11 décembre 1888 ; Trib. civ. de Tarascon, 8 avril 1857 ;
Aix, 14 novembre 1857 ; S., 58, 2, 474. V. les citations complètes
de jurisprudence jusqu'à 1880 dans Boulanger et de Récy, t. I,
p. 12 et suiv.

(3) Orléans, 8 août 1889 et sur pourvoi, Cass. rej., 21 octobre
1891 ; D., 92, 1, 222 ; Orléans, 29 novembre 1889 ; D., 90, 2,
153. V. à l'encontre de la jurisprudence : Bordeaux, 7 avril 1827,
cassé par l'arrêt de 1831 précité ; Trib. civ. de Tours, 18 mars 1887,
infirmé par l'arrêt d'Orléans du 29 novembre ; D., 90, 2, 153.

semble contredire tout à la fois la raison, les principes et les textes. Alors que notre législation hypothécaire est assise sur la base fondamentale d'une publicité permanente et effective à l'égard des tiers, on arrive en définitive, — il faut bien s'en convaincre, — à cette conclusion : que la radiation n'ajoute absolument rien aux effets déjà produits par la main-levée. Système assurément bizarre et auquel notre raison répugne, qui limite les effets de l'hypothèque non inscrite aux rapports des parties en cause et ne la fait dater, vis-à-vis des tiers, que du jour où elle est rendue publique; mais qui, au contraire, s'il s'agit du fait juridique appelé à la faire disparaître, la déclare éteinte sans publicité vis-à-vis de ces mêmes tiers aussi bien que dans les rapports des parties entre elles.

64. — Nous prétendons que la main-levée est, en ce qui concerne les tiers, dépourvue de tout effet juridique tant qu'elle n'a pas été rendue publique par l'opération matérielle de la radiation. Nous retrouvons donc ici le principe de symétrie que nous avons formulé au début de cette étude. La même règle gouverne la naissance et l'extinction de l'hypothèque ; les conséquences du fait juridique qui la fait disparaître, comme celles du fait juridique qui l'a créée, sont, jusqu'à la publicité effectuée, limitées aux rapports des parties en cause (1).

65. — Faisons tout d'abord observer que l'opinion générale contredit doublement l'esprit de notre législation hypothécaire ; une première fois parce qu'on ne

(1) MM. Aubry et Rau, t. III, p. 395, n° 37 semblent partir du même principe, mais malheureusement sans justifier leur opinion. Laurent, t. XXXI, p. 194 également. V. aussi p. 195 et suiv.

peut comprendre que, si la radiation est une simple formalité en quelque sorte administrative, et dépourvue de tout effet juridique, le législateur, qui au Code civil avait déjà jugé bon de donner au propriétaire grevé le moyen de la faire opérer, s'il en a le droit, malgré le créancier (a. 2160) ait, au Code de procédure, en obligeant le juge à ordonner, même d'office, la radiation des inscriptions non colloquées dans l'ordre, consacré d'une façon plus affirmative encore ce principe, que la radiation est une conséquence inéluctable et nécessaire de l'extinction de l'hypothèque (1) ; une seconde fois parce que, nous le répétons, ç'aurait été pousser l'illogisme jusqu'à l'absurde, que de décider que l'hypothèque, qui ne peut prendre naissance, vis-à-vis des tiers, sans publicité, pourrait s'éteindre à leur égard, sans l'accomplissement d'une publicité parallèle.

66. — **La** doctrine qu'ils adoptent paraît aux auteurs si certaine, si évidente et si manifeste qu'ils posent le principe sans se donner la peine d'essayer de le justifier. On semble le considérer comme une conséquence de cet autre principe, qu'on a préalablement admis, suivant lequel la main-levée est un acte unilatéral émanant de la seule volonté du créancier et ayant par lui-même et par lui seul, sa pleine et entière efficacité (2). Nous ne reviendrons pas sur ce point, tout en faisant observer que les deux principes ne nous paraissent pas être dans un état de dépendance forcée l'un vis-à-vis de l'autre, et

---

(1) Argument à tirer aussi dans ce sens des art. 770 et 771. C. procéd.

(2) Pont, p. 463; Dalloz, *Rép.*, n°ˢ 2720-1; Laurent, n° 225 ; Troplong, p. 278, n° 738.

que l'on pourrait fort bien, nous semble-t-il, admettre la nature unilatérale de la main-levée, et sa subordination à la radiation effectuée en ce qui concerne les tiers.

67. — M. Martou (1) est cependant plus explicite : « En vain, — fait-il observer, — dirait-on que l'inscription a continué de subsister, ceux qui pouvaient faire usage de l'acte de main-levée n'en ayant pas usé pour requérir la radiation; une inscription périmée, une inscription viciée par une nullité, une inscription dont la créance est éteinte par le paiement, la remise de la dette ou la prescription, existe aussi matériellement, mais ne s'en trouve pas moins destituée d'effet à l'égard des personnes au préjudice desquelles on voudrait s'en servir. » Examinons bien l'argument. Dans sa première partie il ne porte pas, l'inscription nulle est parfaitement destituée d'effet vis-à-vis des tiers. Il n'y a pas en réalité publicité, puisque celle qui a été effectuée ne satisfait pas aux conditions requises par la loi, la situation est identiquement la même que s'il n'y avait pas inscription. Nous en dirons autant de l'inscription périmée : l'inscription en droit français ne vaut que pendant dix ans. Après ce terme, elle subsiste sans doute sur les registres du conservateur, mais elle n'opère plus publicité, elle est sans effet. Pour mieux dire, dans ces deux cas, la publicité est inexistante parce qu'elle n'est pas faite en conformité des prescriptions légales.

68. — Venons-en maintenant à la deuxième partie de l'argument : l'inscription est destituée de tout effet quand la créance hypothécaire est éteinte. Nous pourrions tout d'abord alléguer que l'objection ne nous

____

(1) *Loc. cit.*, n° 1215.

touche pas directement. Notre hypothèse est en effet celle d'une main-levée considérée en soi, qu'elle porte sur l'hypothèque elle-même ou seulement sur l'inscription (1). L'extinction préalable de la créance, loin d'en être un élément nécessaire, en est parfaitement distincte et indépendante ; pour mieux dire elle ne la suppose en aucune façon. Mais nous préférons généraliser la question.

69. — L'objection de M. Martou repose peut-être sur une confusion. Il ne s'agit pas, notons-le bien, de savoir si le créancier encore inscrit, mais dont le droit est éteint, peut prendre l'initiative, et, agissant spontanément, se prévaloir des effets d'une inscription qui paraît subsister sans cause. On se demande si, quelle que soit l'attitude du créancier, et jouât-il même dans l'espèce un rôle purement passif, les tiers intéressés peuvent se prévaloir de l'extinction de l'hypothèque encore inscrite. Allons plus loin, il resterait encore à prouver que le créancier dont l'hypothèque est éteinte, mais dont l'inscription subsiste, ne conserve pas provisoirement tous ses droits à l'égard des tiers. Supposons que ce créancier adresse au tiers détenteur de l'immeuble hypothéqué la sommation de payer ou délaisser prévue par l'art. 2169. Si ce tiers veut opérer la purge, pourra-t-il se dispenser vis-à-vis de ce créancier, des notifications prescrites par l'art. 2183 ? Oui, mais à la condition expresse de rapporter la preuve de l'extinction de l'hypothèque. Jusque-là

(1) Nous répétons ici l'observation déjà faite au n° 7. Au surplus, ce que nous disons de la main-levée de l'hypothèque est également vrai en général, et quand la nature des choses ne s'y oppose pas, de celle portant seulement sur l'inscription.

le créancier est présumé avoir conservé tous ses droits (1).

Et si le tiers détenteur, rapportant cette preuve, prouve par là même que l'inscription est désormais sans cause et sans objet, alors de deux choses l'une : ou un arrangement sera intervenu entre lui et le créancier, convention dont nul ne discutera la validité, la loi n'interdisant point au créancier inscrit de renoncer à se prévaloir de son inscription, ou un jugement tranchera la question et il ne pourra faire autrement que d'ordonner la radiation de l'inscription subsistante (2).

70. — Suivant MM. Baudry-Lacantinerie et de Loynes (3) admettre que la main-levée n'est rien sans la radation qui la rend publique ne serait une déduction logique que si nos registres hypothécaires avaient la force probante des livres fonciers admis en Allemagne. Étrange confusion, dont il ne faut pas se dissimuler la gravité. Alors que nous manquons du double principe sur lequel repose toute la théorie du livre foncier et de la foi qui lui est due, — l'un consistant en ce que la publicité y est requise, non pas seulement pour l'opposabilité aux tiers, mais pour la naissance même du droit; l'autre engendrant cette conséquence, que la publicité opérée communique au droit qu'elle a pour objet un caractère essentiel de stabilité et de permanence en le mettant à l'abri de toute cause de nullité ou de rescision, — on vient prétendre qu'en soutenant que la main-levée non suivie de radiation est sans effet à l'égard des tiers, nous introduisons en France la théorie allemande. Mais à ce compte

(1) V. C. civ., art. 1315, 2°.
(2) C. civ., art. 2160.
(3) *Loc. cit.*, p. 175-6.

la chose serait déjà faite par les art. 2134 et 2166 du C.
civ. et par la loi de 1855, car nous ne faisons qu'appliquer à la matière les principes posés par ces textes : à
savoir qu'en matière de droits réels immobiliers la publicité est requise d'une façon absolue et sans distinction,
à l'égard des tiers.

71. — L'annotateur de l'arrêt d'Orléans dont nous
avons déjà parlé (1) présente en faveur de l'opinion générale deux arguments nouveaux : « En admettant, dit-
il, que la main-levée soit dépourvue d'effet à l'égard des
tiers, il faudrait aller jusqu'à prétendre que les tiers dans
l'intérêt desquels la radiation serait requise, pourraient
en toute hypothèse utiliser l'inscription non encore radiée. Or il est un cas où cette prétention serait inadmissible : un créancier a une hypothèque sur deux immeubles, l'un d'eux est vendu, l'acquéreur purge, et, à la
suite d'un ordre, paie son prix. Avant que la radiation
des inscriptions non colloquées ait été effectuée à la requête de l'avoué qui a poursuivi l'ordre, ce créancier,
non colloqué, cède sa créance à un tiers sans l'avertir
que l'une des garanties hypothécaires a disparu, alors
que la cession n'est acceptée que sur la foi de l'existence
de la double garantie. Puis le débiteur originaire et le
cédant deviennent insolvables, et le prix de l'immeuble
demeuré seul affecté se trouve insuffisant pour payer la
créance cédée... » « Peut-on admettre, demande M. Me-
rignhac, que pour l'excédent le cessionnaire pourra
exercer le droit de suite contre le tiers détenteur de
l'immeuble pour défaut de radiation? Évidemment non,

(1) Mérignhac, Note sous Orléans précité; D., 90, 2, 153; Trib.
Tours, 18 mars 1887 ; D., sous Orléans précité.

car nul ne conteste que le paiement fait après purge libère l'acquéreur qui l'a effectué aux mains du créancier utilement colloqué. Et pourtant si la radiation était la condition *sine qua non* de la disparition de l'hypothèque, on devrait étendre même à ce cas, la, doctrine que nous combattons. »

Nous admettons parfaitement, au contraire, que dans l'espèce proposée le cessionnaire sera fondé à poursuivre l'acquéreur qui a fait la purge. Celui-ci sera d'ailleurs à même d'éviter ce résultat, en contraignant comme il en a le droit, l'avoué poursuivant à faire radier les inscriptions non colloquées. Il s'agit en effet de satisfaire à un vœu formel exprimé par le législateur dans l'art. 770 C. procéd. Nous autoriserions même l'acquéreur à se faire délivrer par le greffier, avec l'autorisation du juge, un extrait de l'ordonnance de clôture, pour faire opérer lui-même la radiation. Nous ne faisons ainsi que tirer une conséquence logique d'un principe que tout le monde admet : que la radiation des inscriptions non colloquées n'est prescrite que dans l'intérêt de l'acquéreur ou de l'adjudicataire.

72. — Prenons maintenant l'espèce sur laquelle raisonne M. Mérignhac, et dont il approuve la solution telle qu'elle a été donnée par la Cour d'Orléans : Un créancier renonce au profit d'un acquéreur à son hypothèque, et consent à la radiation. Celle ci n'est opérée qu'après le transfert fait au profit d'un tiers, de la créance que garantissait l'hypothèque avec subrogation dans l'entier effet de cette hypothèque et de l'inscription. L'acquéreur est-il ou non soumis au droit de suite vis-à-vis du cessionnaire qui s'est conformé aux dispositions de l'art. 1690 C. civ., et qui, dans l'espèce a renouvelé à son

profit l'inscription primitive avant la radiation tardivement opérée ? Nous répondons sans hésiter : Oui. C'était la solution donnée par le Tribunal de Tours (1) qui argumentait ainsi : « L'acquéreur en ne faisant point radier trompe le cessionnaire, qui compte ainsi sur une hypothèque qui n'existe plus. Il a été négligent dans une matière où la publicité s'impose de façon absolue, on peut dès lors lui reprocher une faute, un qnasi-délit qui l'oblige à réparation ; or, la meilleure réparation consiste précisément à ne point se prévaloir de la main-levée obtenue. »

73. — Sans contester la valeur de cet argument, nous estimons que celui qu'invoquait le Tribunal en premier lieu suffisait largement : « La main-levée ne constitue qu'une sorte d'offre jusqu'à ce qu'elle devienne un droit définitif par suite de la radiation dûment opérée (2). Jusque-là elle peut être révoquée par le créancier et elle l'est tacitement s'il cède sa créance à un tiers ... » L'acquéreur ne pouvait pas vis-à-vis des tiers, se prévaloir de la main-levée tant qu'il n'y avait pas eu radiation opérée, et il ne pouvait plus, après l'accomplissement des formalités de publicité prescrites par l'art. 1690, se prévaloir de la radiation effectuée postérieurement. Le cessionnaire était sans contredit un tiers ; or, nous savons que la main-levée, par elle seule, n'est pas opposable aux tiers.

74. — L'espèce présentait en effet ceci de curieux qu'elle mettait en même temps en jeu la publicité des hypothèques et celle des droits personnels.

(1) 18 mars 1887 ; D., 90., 2., 153.
(2) La main-levée, avait dit le Tribunal de Tours, ne concède aux acquéreurs que la faculté de requérir la radiation de l'inscription.

La solution de la Cour d'Orléans, rendue à l'encontre du cessionnaire et affranchissant l'immeuble du droit de suite, entame à la fois les deux principes : celui de la publicité hypothécaire, en décidant que la main-levée est, indépendamment de toute publicité, opposable aux tiers, et celui de la publicité des cessions de créances en considérant comme inutile, vis-à-vis du tiers acqué- reur l'accomplissement des formalités prescrites par l'art. 1690 C. civ.

75. — Il est facile de voir à quelles fraudes et à quelles spéculations déshonnêtes une semblable théorie ouvre la voie. Le cessionnaire, de parfaite ignorance, traite sur la foi d'une sûreté que l'inscription subsistante l'au- torise à croire encore complètement efficace, et qui, en réalité, a pour jamais disparu.

76. — M. Mérignhac ajoute enfin que la solution de la Cour d'Orléans s'imposait en face de l'art. 2180, al. 1 et 2 du Code civil, qui n'exige en aucune façon la radia- tion pour que l'extinction de l'hypothèque soit opposa- ble aux tiers. A cela nous ferons une réponse bien simple : Il ne faut pas chercher dans l'article 2180 la solution de la question de publicité de la main-levée, pas plus que dans l'art. 2117 celle de la question de pu- blicité du fait juridique créateur de l'hypothèque, l'un et l'autre ne concernent que les rapports des parties. C'est dans l'esprit général de la loi et dans les art. 2159- 60 qu'il fallait chercher la solution de la question. Dans l'espèce les art. 1165 et 2166 venaient d'ailleurs singu- lièrement renforcer notre argumentation, car outre que l'inscription subsistait intégralement, le cessionnaire n'avait point été partie à la main-levée qu'il ignorait. Elle ne lui était pas opposable.

77. — Le caractère, suivant nous, irrationnel et les inconvénients pratiques du système général devaient fatalement amener la jurisprudence à des tempéraments, et par là même, à des inconséquences. La Cour de cassation décide « que la main-levée d'inscription hypothécaire donnée au tiers acquéreur qui l'a payée, mais non suivie de radiation, ne peut être invoquée par les autres créanciers dans l'ordre ouvert ultérieurement pour la distribution du prix dû par cet acquéreur. Celui-ci est donc, nonobstant cette main-levée subrogé aux droits du créancier qu'il a désintéressé, et peut se faire colloquer dans l'ordre au rang de ce créancier (1). »

78. — La Cour suprème semble bien, dans l'espèce et à première vue se rallier à notre opinion. Il n'en est rien cependant et l'annotateur de l'arrêt prend bien soin de le faire remarquer. La Cour justifie cette solution d'abord par l'intention des parties, d'après laquelle la main-levée ne portait que sur le droit de suite, et par l'art. 1165 d'après lequel les conventions (on sait que la jurisprudence considère la main-levée consentie au tiers acquéreur comme une véritable convention) sont sans effet à l'égard des tiers. Pour eux, il n'y avait en réalité qu'un paiement avec subrogation (2).

79. — Ici encore, on range donc dans une catégorie à part et toute spéciale la main-levée consentie à un tiers acquéreur, et pour en arriver là on la déclare sans effet vis-à-vis des tiers jusqu'à la radiation opérée.

(1) Cass., 20 juin 1859; D., 59, 1, 254 et la note. La doctrine est dans le même sens. V. Baud.-Lac. et de Loynes, p. 178, n° 1892; Boulanger et de Récy, t. I, p. 13.

(2) Art. 1251, 2°.

Ainsi pour les besoins de la cause, on renie le double principe que l'on a tout d'abord posé : la nature unilatérale de la main-levée, dont on fait ici une convention et à laquelle on applique l'art. 1165, et son effet immédiat, absolu à l'égard des tiers, auquel on apporte dans l'espèce une exception (1).

80. — La Cour avait d'ailleurs, suivant nous, un moyen bien simple d'éviter tout reproche de contradiction et de rester fidèle à ses principes tout en donnant la même solution. Nous ne ferons que l'indiquer : la main-levée était nulle et inopérante comme ayant été consentie par quelqu'un qui n'avait pas qualité pour la donner. Par le seul fait du paiement, en effet l'acquéreur s'était trouvé de plein droit et par la seule force de la loi investi de l'hypothèque. La main-levée consentie après le paiement émanait donc de quelqu'un qui n'avait plus ni créance ni droit d'hypothèque.

81. — Au surplus la solution de l'arrêt se justifie on ne peut mieux dans notre théorie : la main-levée est une convention à laquelle l'art. 1165 est dans tous les cas applicable, et qui n'opère à l'égard des tiers que du jour où elle est rendue publique, c'est-à-dire du jour de la radiation (2).

82. — Dans le même ordre d'idées, la Chambre des requêtes a admis (3) que le cessionnaire d'une créance

(1) Dans l'espèce de 59 ; le Tribunal de Tarascon et la Cour d'Aix avaient au contraire fait application du principe admis par la doctrine générale : les tiers intéressés pouvant se prévaloir de la main-levée, ni celui qui l'avait consentie, ni l'acquéreur ne pouvaient être colloqués, la main-levée ayant produit son effet *de plano* et indépendamment de la radiation. C'était au moins logique.

(2) *Id*. V. Aubry et Rau, *loc. cit.*, p. 396, n° 281 ; Laurent, n° 224.

(3) Req. rej., 15 mars 1825 ; **D.**, *Répert.*, n° 414, *loc. cit.*, n. 2.

privilégiée pouvait l'exercer même pour la partie éteinte par un paiement fait au cédant avant l'acceptation du transport par le cédé et même avant la cession, et que les tiers créanciers hypothécaires n'étaient pas fondés à se prévaloir de ce paiement partiel pour faire réduire d'autant la collocation du cessionnaire. C'est bien là une concession à notre opinion: on admet que les tiers ne peuvent se prévaloir de la main-levée au moins partielle consentie par le cédant, cette main-levée n'ayant pas été suivie de radiation. Il faut d'ailleurs reconnaître (1) que c'était la considération de la bonne foi du cessionnaire qui avait, dans l'espèce, décidé les juges d'appel dont la Cour de cassation a admis la solution. Nous n'y contredirons point, car elle est absolument conforme à notre doctrine ; elle n'est à vrai dire que l'application des principes que nous avons posés.

83. — Un autre arrêt de la Chambre des requêtes, du 4 juin 1828 (2) apparaît comme plus contradictoire encore vis-à-vis du principe général admis par la jurisprudence. Cet arrêt décide « que si un jugement ordonnant une radiation n'a pas été exécuté, il peut être décidé plus tard contre les créanciers de la partie par la faute ou la résistance de laquelle il ne l'a pas été, que l'inscription prise par l'autre a conservé tout son effet, du moins une telle décision peut n'être considérée que comme une interprétation du jugement, et par suite échapper à la censure de la Cour de cassation. »

Notons que le jugement de radiation n'est pas autre chose qu'une main-levée judiciaire et qu'il doit être

(1) V. Boulanger et de Récy, p. 13.
(2) Dall., *Répert.*, n° 1116; S., 1828-30, I, 106.

traité comme tel. Ceci posé il n'est plus vrai, d'après la
Chambre des requêtes, de dire que la main-levée est
productrice d'effets juridiques sans radiation intervenue.
La question de savoir si elle en produira ou si elle n'en
produira pas est réduite à une pure question de fait et
d'appréciation de circonstances.

84. — Il est trop facile de supprimer ainsi toute controverse et toute difficulté, et l'on trouvera peut-être au
moins abusive la doctrine de la Chambre des requêtes
enlevant à la question des effets de la main-levée, c'est-
à-dire à une question de droit pur, tout intérêt et toute
portée juridiques.

85. — La jurisprudence de la Chambre civile prête
moins au reproche de contradiction (1). Elle n'y échappe
cependant pas complètement. Voici ce que nous lisons
dans les motifs d'un arrêt du 1er décembre 1852 (2) :
« Les créanciers postérieurs (à celui qui a consenti la
main-levée) se sont toujours trouvés en face de l'inscription, ils ne peuvent se prévaloir d'une main-levée
qui n'a pas été réalisée par la radiation de l'inscription. »

Ces quelques mots, qu'on le remarque bien, ne sont

(1) V. Cass., ch. civ., 4 janvier 1831 précité, cassant un arrêt de
Bordeaux du 7 avril 1827 qui consacrait mot pour mot notre opinion.
Dall., *Répert.*, 2722, 2°. D'après la cour de Bordeaux ce n'est pas la
main-levée mais la radiation d'une inscription qui la rend sans effet.
Ainsi le créancier hypothécaire qui devient tel sur la foi d'un simple
acte de main-levée même notarié, n'est pas fondé à requérir collocation avant le créancier qui avait donné main-levée, si de fait la
radiation n'a pas été opérée et si la main-levée a été rétractée. Peu
importe que sa rétractation soit postérieure au titre du créancier
hypothécaire survenu. S., 25-27, 2, 354.

(2) D., 54, 1, 275.

autre chose que l'énoncé du principe que nous défendons depuis le commencement de ce chapitre. La Cour de cassation sans doute n'en fait point application à l'espèce, mais elle y revient momentanément pour les besoins de la cause et même pour justifier une solution conforme à sa jurisprudence habituelle sur un autre point.

Quoi qu'il en soit, ces quelques exemples peuvent donner une idée de l'incertitude de la jurisprudence sur l'application de sa théorie ; et l'on reconnaîtra sans doute qu'un principe ne repose pas sur un fondement très solide quand il est l'objet de tant de contradictions.

B. — Conséquences.

86. — Il est assez difficile de traiter séparément des différents principes que l'on peut admettre sur les effets de la main-levée et de leurs conséquences respectives, sans faire double emploi et sans s'exposer à des répétitions. La discussion de la théorie doctrinale et jurisprudentielle nous a nécessairement entraîné à l'exposé de plusieurs de ses conséquences. Nous n'avons d'ailleurs aucunement la prétention de vouloir les signaler toutes : il est surtout intéressant de mettre en relief le point de départ. Au surplus le résultat immédiat du principe nous est maintenant suffisamment connu : la main-levée par elle seule et non suivie de radiation profite dès l'instant même où elle est consentie, à tous les tiers intéressés, créanciers hypothécaires et chirographaires. Inversement elle leur est immédiatement opposable. Elle l'est notamment au cessionnaire de la créance hypothécaire, que la main-levée soit antérieure ou postérieure à la no-

tification du transport effectuée en conformité de l'article 1690 du Code civil.

87. — Ajoutons que le système admis par la jurisprudence devait forcément l'amener à tempérer ici le principe maintes fois posé par la Cour de cassation en matière de responsabilité notariale et suivant lequel « il appartient aux juges du fait de décider souverainement si le notaire a commis une faute entraînant une responsabilité, et d'apprécier la mesure dans laquelle cette responsabilité est encourue » .... « les juges du fond appréciant souverainement s'il existe à la charge du notaire une faute susceptible de faire naître sa responsabilité » (1).

La radiation étant par elle-même dépourvue de tout effet juridique et ne constituant, en dernière analyse, qu'une pure et vaine formalité, le créancier qui a consenti la main-levée ne sera jamais fondé à se plaindre que la radiation ait été opérée, et par suite le notaire n'encourt aucune responsabilité en la faisant opérer de sa propre initiative. « Le notaire, dit la Cour d'Orléans (2), qui fait opérer même précipitamment, et sans en référer au créancier, la radiation d'une inscription dont celui-ci avait donné main-levée pure et simple, ne saurait être rendu responsable de la perte du gage hypothécaire dont la main-levée est la cause unique ; il n'en serait autrement que si cette main-levée elle-même avait été le résultat d'un concert frauduleux dont le notaire se serait rendu complice. » Et l'annotateur fait

(1) Req., 3 août 1858 ; D., 58, 1, 574, Req., 14 janvier 1856 ; D., 56, 1, 456 ; Req., 17 juillet 1872 ; D., 73, 1, 87 ; Civ. rej., 2 mars 1874 ; D., 75, 1, 18-19 ; Poitiers, 31 mai 1886 ; D., 87, 2, 182.

(2) Arrêt précité, 8 août 1889.

observer qu'en effet la perte de l'hypothèque ne résulte point de la radiation, mais de la main-levée, et que si le créancier dépossédé prétend faire retomber sur le notaire la responsabilité de cette perte, c'est dans la main-levée, et non dans la radiation, qu'il doit puiser ses griefs.

88. — Il resterait à savoir quelle solution donnerait la jurisprudence pour le cas où la main-levée est consentie au tiers acquéreur subrogé. Vraisemblablement elle serait, ici encore, obligée de donner pour cette hypothèse une solution spéciale et exceptionnelle, toujours en contradiction avec le principe.

89. — Enfin une dernière conséquence du principe admis par les auteurs et par la Cour de cassation serait en bonne logique l'irrévocabilité absolue et sans distinction de la main-levée. Celle-ci ayant, par elle-même et par elle seule amélioré la condition des créanciers ou des tiers acquéreurs, constitue pour eux un droit acquis dont ils ne peuvent être privés par le fait du créancier dont elle émane. Elle est tombée pour ainsi dire, dès l'instant de son apparition, dans le domaine public des tiers intéressés, et le principe ci-dessus posé, qui apparaît comme évident en ce qui concerne les tiers à la connaissance desquels la main-levée a été portée, ne l'est pas moins vis-à-vis de ceux qui ne l'ont pas connue. Il faut se rappeler que cette connaissance de la main-levée par les tiers n'est point — ni en raison, dans le système admis — ni aux yeux de la jurisprudence et des auteurs, une condition nécessaire pour qu'elle opère immédiatement à leur égard. La main-levée est donc par elle-même génératrice de droits acquis pour les tiers. « Résultat de la volonté unilatérale du créan-

cier, dit un auteur (1), son effet se produit instantanément, au moment même où cette volonté se manifeste. » Par le fait même qu'on n'exige, pour sa complète efficacité, le concours d'aucun consentement venant s'adjoindre à celui dont elle émane, on admet
qu'elle tombe dès son apparition, dans le domaine et le
patrimoine de tous, et qu'elle ne peut être révoquée au
détriment d'un tiers.

90. — Pour nous, au contraire, il est tout simple de
faire à la révocation de la main-levée l'application des
principes qui régissent les offres et pollicitations, de décider par suite que la révocation sera possible tant que
la main-levée — qui n'est qu'une offre jusqu'à l'acceptation de celui au profit duquel elle intervient — ne lui
sera pas parvenue ; sauf, dans tous les cas, l'application
de la convention expresse ou tacite. Quant à la question
de l'opposabilité de la révocation aux tiers, elle ne se
pose pas, puisque la main-levée non suivie de radiation
est à leur égard sans effet.

91. — En résumé, le principe admis sur les effets de
la main-levée entraîne logiquement pour conséquence
que son caractère essentiel est d'être un acte juridique
irrévocable et définitif. Telle n'est point cependant la
théorie généralement admise sur la révocation de la
main-levée.

Quelques auteurs distinguent : si la main-levée porte
sur le droit hypothécaire, elle est irrévocable, sauf dol
ou fraude ; si au contraire elle porte seulement sur l'inscription, elle peut être révoquée par le créancier (2).

(1) Baud.-Lac. et de Loynes, *loc. cit.*, p. 176.
(2) *Sic* Pont, 11, n° 1105 ; Martou III, n° 1215 ; Baud.-Lac. et de
Loynes, p. 177. MM. Aubry et Rau (p. 395) que M. Baudry-Lacan-

92. — Nous contestons d'ailleurs formellement le fondement de cette distinction et nous ne voyons pas qu'il y ait lieu de distinguer entre la main-levée portant sur l'hypothèque et celle ayant pour objet l'inscription seulement(1). En supposant toujours admis le principe dont part la doctrine générale, la main-levée est, dans les deux cas, un acte unilatéral, produisant instantanément son effet. De là suit qu'il ne saurait être question, pour le créancier, d'un droit de révocation. La révocation d'un consentement au gré de celui dont il émane suppose, par la force même des choses, une situation provisoire, devant durer jusqu'à ce qu'un deuxième consentement — ou, d'une façon générale, un événement de fait quelconque, — s'adjoignant à la première manifestation de volonté, la rende permanente et définitive. Alors naît pour le destinataire de l'offre un droit véritablement acquis, et en aucune hypothèse l'offrant ne sera admis à révoquer son consentement (2).

tinerie présente comme admettant la distinction ci-dessus nous paraissent au contraire la rejeter et admettre pour tous les cas la possibilité de révocation de la main-levée. Cass., 4 janvier 1831 ; Agen, 19 mai 1836 précités ; Cass. 29 janv. 1855 ; D., 55, 1, 172 ; Orléans, 8 août 1889 précité.

(1) Aubry et Rau, *loc. cit.*, p. 395 ; Boulanger et de Récy, p. 11 et suiv. ; Laurent, XXXI, p. 195 et suiv. ; Cass., 1er décembre 1852 ; D., 54, 1, 275 ; Cass., 2 mars 1830 ; S., 9, I, 461. V. Aix, 14 novembre 1857 ; S., 58, 2, 474 ; Guillouard, *loc. cit.*, p. 353. M. Troplong nous semble admettre dans tous les cas, et sans distinction, l'irrévocabilité de la main-levée.

(2) Nous n'envisageons aucunement ici la question de savoir à quel moment se forme le contrat, au cas d'offre et d'acceptation non concomitantes. Le principe auquel nous faisons appel est à l'abri de toute controverse ; c'est sur son application seulement que l'on discute. Quelle que soit l'opinion que l'on adopte, il est, par

Mais ici la main-levée n'exige en aucune façon, pour être parfaite, le concours d'un second consentement, et le moment où elle produit ses effets juridiques n'est ni subordonné à la survenance d'un événement postérieur quelconque, ni reculé à sa date. Elle se suffit en quelque sorte à elle-même, et dès l'instant où elle est valablement consentie on peut l'opposer aux tiers comme ceux-ci ont la faculté de s'en prévaloir.

93. — Or ces principes sont les mêmes, que la main-levée porte sur l'hypothèque ou seulement sur l'inscription. La portée plus ou moins grande, les effets plus ou moins étendus de la main-levée ne peuvent avoir pour résultat de transformer sa nature juridique. On a dit avec raison que, si la renonciation à l'inscription est moins absolue que la renonciation à l'hypothèque, toutes deux n'en sont pas moins de la même nature (1). Il est donc contradictoire d'admettre que la main-levée, irrévocable dans un cas, puisse être révoquée dans l'autre. Que le créancier se soit dépouillé de son rang ou de son droit, l'acte a toujours la même nature, c'est seulement la situation du créancier qui diffère. Mais juridiquement nous ne voyons pas de raison pour traiter différemment la main-levée dans l'un et dans l'autre cas.

94. — En résumé le principe généralement admis sur les effets de la main-levée devrait logiquement entraîner

la force même des choses, un fait certain : c'est que la formation du contrat est subordonnée à un événement postérieur à l'émission du premier consentement, que cet événement soit l'acceptation elle-même, sa transmission, son arrivée chez l'offrant ou la connaissance qu'en prend celui-ci. La question est seulement de le déterminer.

(1) V. l'arrêt de Bordeaux précité, 7 avril 1827 : S., 31, 1, 127.

cette conséquence que sa révocation ne saurait nuire aux tiers. Elle constitue pour eux un droit acquis dont ils ne peuvent être privés par l'effet d'une manifestation de volonté inverse de celle qui l'a fait naître. Ce n'est point là pourtant le critérium admis par la doctrine et par la jurisprudence sur la révocation de la main-levée.

95. — On distingue ainsi qu'il suit : la révocation doit être signifiée au conservateur avec défense de procéder à la radiation; ou, si la radiation a en fait été effectuée, le créancier doit prendre une nouvelle inscription. Vis-à-vis des créanciers qui s'inscriront ensuite, la révocation aura tous ses effets. Elle n'en aura aucun, au contraire, à l'égard des créanciers qui auront pris inscription après la main-levée et avant la notification faite au conservateur ou l'inscription nouvelle. Quant à ceux dont les inscriptions étaient antérieures à la main-levée elle-même, la question, pour eux, ne se pose pas. Car s'ils sont préférables à celui qui a consenti la main-levée, celle-ci n'a rien changé à leur situation; et s'ils sont inférieurs, la révocation de la main-levée ne fait que les replacer dans une situation qu'ils avaient jadis acceptée, et qu'ils ne seraient pas fondés à critiquer maintenant (1).

(1) Les auteurs qui n'admettent pas la possibilité de révocation de la main-levée portant sur l'hypothèque appliquent la théorie ci-dessus à la main-levée portant sur l'inscription. Vis-à-vis des tiers acquéreurs transcrits, on ferait sans doute application des mêmes principes. V. Baud.-Lac. et de Loynes, p. 176 ; Pont, n° 1106; Boulanger et de Récy, p. 11. V. Laurent, p. 195, dans le sens de notre opinion. Au surplus, pour ceux qui admettent la révocabilité de la main-levée portant sur l'hypothèque elle-même, la question ne se pose que si la radiation n'a pas été effectuée. La révocation par inscription nouvelle suppose donc une main-levée portant seu-

96. — La distinction semble juste et rationnelle : les tiers de la première catégorie, traitant après la révocation de la main-levée, l'ont connue et ne 'peuvent se plaindre de ce qu'elle leur est opposable. Les autres, au contraire, ayant traité sur la foi de la main-levée, à une époque où celle-ci sortait son plein et entier effet, ont pu légitimement compter sur elle.

97. — Mais il est facile de s'apercevoir, que non seulement elle est purement illogique et arbitraire, mais que sous un voile apparent d'équité elle peut servir à dissimuler toutes sortes de fraudes. Il faut bien remarquer, tout d'abord, que la révocation de la main-levée n'est assujettie à aucune forme légale, qu'en tous cas la notification au conservateur ne constitue à aucun point de vue une publicité réelle et effective ; que le procédé indiqué par un auteur (1) s'il est ingénieux, ne peut être rangé qu'au nombre des purs désiderata de la doctrine.

Cela dit, on peut adresser à la distinction admise un triple reproche : — reproche de contradiction : après avoir admis l'effet immédiat et instantané de la main-levée, on admet la possibilité de sa révocation, même à l'égard des tiers ; — reproche d'arbitraire : alors que la loi ne soumet la révocation de la main-levée à aucune forme, on décide que ses effets ne datent que du jour de sa noti-

---

lement sur l'inscription. V. Cass., 4 janvier 1831 ; J. G., n° 2722 ; Agen (sur renvoi), 19 mai 1836, *eod. loc.* ; Cass., 2 mars 1830 ; S., 30, 1, 461 ; Cass., 13 avril 1863 ; S., 63, 1, 297 ; Cass., 1er décembre 1852 ; D., 54, 1, 275 ; motifs Trib. de Lisieux, 17 décembre 1873 ; S., 74, 2, 300 ; Cass., 1er juillet 1857 ; *Journ. des Conservateurs*, 1388.

(1) MM. Boulanger et de Récy, t. I, p. 15. Annotation par le notaire sur la minute de la main-levée, de sa révocation ; il serait délivré expédition du tout ensemble.

fication au conservateur ; — reproche d'injustice enfin, en ce qu'elle peut couvrir des iniquités et des fraudes.

98. — Il faut bien se convaincre, en effet, que les créanciers qui ont traité après la notification de la révocation au conservateur, et vis-à-vis desquels on décide que celle-ci produit effet, ont parfaitement pu l'ignorer. Il est même presque invraisemblable de supposer qu'ils aient pu la connaître, car qui les aurait renseignés ? Inversement, ceux qui ont traité antérieurement à la notification, et auxquels la révocation ne sera pas opposable ont pu la connaître, et ne se dessaisir de leurs fonds que sur la foi de cette révocation émanée du créancier, et qu'ils peuvent supposer dès à présent valable, puisque la loi ne l'assujettit à aucune forme.

99. — Il n'existe en réalité, ni en droit ni en raison, de principe qui permette d'affirmer qu'à partir de tel moment l'existence de la révocation sera censée connue des tiers, et jusque-là présumée ignorée d'eux, et c'est pourtant ce soi-disant principe qui constitue le fondement de la distinction, et, à vrai dire, son critérium. On en vient, en définitive, à consacrer une organisation de l'extinction des hypothèques et de la suppression des inscriptions en dehors de toute idée de publicité, et sans même faire entrer comme élément de discussion dans la controverse ce qui devrait dicter toutes les solutions : les registres du conservateur.

100. — Tout cela, il est vrai de le dire, n'est qu'une conséquence du principe dont on est parti sur les effets de la main-levée non suivie de radiation. Ces effets limités, jusqu'à la radiation opérée, aux rapports des parties entre elles ; la révocation de la main-levée possible ou non suivant les principes qui gouvernent les offres et

pollicitations, et ne modifiant en rien, — pas plus que la main-levée elle-même, — la situation des tiers ; c'est bien là que nous paraît être la vérité juridique qui se dégage des textes, le critérium certain engendrant des solutions équitables, logiques et rationnelles. La main-levée, dirons-nous en empruntant les termes d'une décision de jurisprudence, ne concède à celui auquel elle est consentie que la faculté de requérir la radiation de l'inscription (1).

Nous croyons utile de mentionner dès maintenant que l'examen de la doctrine et de la jurisprudence sur les effets de la radiation nous fournira encore un puissant argument contre le système admis en ce qui concerne les effets de la main-levée (2).

On pourra alors, ayant une vue d'ensemble du sujet et en combinant, en quelque sorte, les solutions de la jurisprudence sur les effets de la main-levée et sur ceux de la radiation, voir combien la doctrine généralement adoptée s'enchaîne peu. On pourra se convaincre des contradictions par lesquelles on a été obligé de passer pour, après avoir transigé une première fois avec le principe de la publicité hypothécaire relativement aux effets de la main-levée, ne pas être condamné à le violer une seconde fois quand il a fallu déterminer ceux de la radiation.

(1) Tours, 18 mars 1887, sous Orléans précité ; D., 90, 2, 153.
(2) V. *infra*, n° 187 et suiv.

DEUXIÈME PARTIE

DE LA RADIATION

CHAPITRE PREMIER

SA NATURE.

A. — Principe.

101. — La radiation est l'acte d'exécutiou de la main-levée qui rend celle-ci publique en la portant à la connaissance des tiers et fait disparaître au regard de tous l'inscription. Elle est donc, comme celle-ci elle-même, une formalité de publicité ; et, on peut le dire, une formalité de même nature, puisque l'opération matérielle de la radiation consistant uniquement en une mention en marge n'est, à vrai dire, qu'une inscription sur l'inscription. Le terme de radiation n'est donc qu'une métaphore, métaphore utile cependant pour faire comprendre cette idée que la radiation opère l'anéantissement juridique de l'inscription sinon sa suppression matérielle.

102. — Elle ne constitue pas d'ailleurs par elle-même un arte juridique ayant sa nature propre et distincte.

Elle est comme l'inscription, une opération matérielle d'exécution. Le fait juridique à considérer ici c'est la main-levée, comme là, c'est l'acte constitutif d'hypothèque. La radiation, l'inscription, ne sont que des formalités prescrites par la loi pour les rendre publics, et, par là même, efficaces à l'égard des tiers.

La seule différence à noter entre elles réside dans la gravité respective de chacune. L'inscription est un acte conservatoire qui ne peut compromettre aucun droit. La radiation, au contraire, peut avoir pour conséquence la perte irrémédiable des droits du créancier ; car si elle ne l'empêche pas toujours de prendre une nouvelle inscription, celle-ci n'aura d'effet qu'à sa date.

Inversement, le retard apporté à une inscription peut engendrer des conséquences fatales et irréparables, s'il survient à l'improviste un de ces événements qui arrêtent le cours des inscriptions (1) ou, même sans le supposer, simplement par suite de la règle : *prior tempore potior jure* (2). Le retard apporté à la radiation d'une inscription pourra entraver le crédit du propriétaire grevé ; mais il est assez difficile de supposer qu'il puisse avoir directement des conséquences juridiques d'une telle gravité.

B. — Conséquences.

1. — *Rôle du conservateur.*

103. — Une conséquence directe du principe que nous venons de poser consiste en ce que le rôle du conserva-

(1) C. civ., art. 2146.
(2) C. civ., art. 2134.

teur requis d'opérer une radiation est, en thèse générale, purement passif. Il n'a pas à trancher, ni même à examiner les questions de droit auxquelles peut donner lieu la main-levée qui lui est présentée. Exécuteur de la volonté des parties ou des décisions de justice, il n'a pas plus à apprécier celles-ci qu'à discuter celle-là ; il ne peut faire œuvre d'initiative. Les instructions de l'administration sont en ce sens (1). Néanmoins la pratique journalière est nettement contraire à cette doctrine, et on se l'explique doublement ; d'abord par la restriction que formulent les art. 2157 et 2158, et par l'appréhension des conservateurs d'avoir à supporter les conséquences de leur imprudence. Il n'en est pas moins vrai que le luxe de précautions dont ils s'entourent, étant donné les limites apportées à leur responsabilité par la loi et la jurisprudence, constitue souvent un abus fâcheux et inexcusable.

104. — Le principe reçoit une première restriction de l'art. 2158. Ce texte, en exigeant l'authenticité de la main-levée à présenter au conservateur, ou la passation du jugement en force de chose jugée, l'oblige à refuser d'opérer la radiation en présence soit d'une main-levée sous seing privé, soit d'une main-levée authentique, mais irrégulière ou annulée, ou d'un jugement n'ayant pas acquis la force de la chose définitivement jugée (2). En ce qui concerne la forme extérieure de l'acte, il faut donc

(1) *Sic* Troplong, n° 741 ; Pont, p. 459. V. Boulanger et de Récy, p. 33 ; Aubry et Rau, p. 394 ; Laurent, n°⁸ 208 et suiv. ; Toulouse, 8 août 1860 ; S., 63, 1, 297 ; Cass., 13 avril 1863 ; D., *eod. loc.*

(2) Pau, 21 janvier 1834 ; S., 34, 2, 553 ; Rouen, 8 février 1842 ; S., 42, 2, 271 ; Dijon, 7 avril 1859 ; S. 59, 2, 585 ; Civ. cass., 6 décembre 1859 ; D. 60, 1, 17.

reconnaître au conservateur un droit absolu d'appréciation.

105. — L'art. 2157, en exigeant pour la radiation « le consentement des parties intéressées », lui reconnaît-il un pouvoir similaire de contrôle en ce qui touche la qualité et la capacité des parties ? Il est assez difficile de le soutenir, car il faudrait aller jusqu'à prétendre que le conservateur devra se faire juge de la convention, examiner si les consentements ont été exempts de tout vice, iuterpréter les statuts de la société dont le gérant ou le mandataire a consenti la main-levée, et même, dans certains cas, le contrat de mariage, s'il s'agit d'une femme mariée. Aussi les auteurs qui admettent ce principe sont-ils obligés de s'en remettre, en dernière analyse, à l'appréciation du juge d'après les circonstances du fait et la conduite tenue par le conservateur. Au fond, nous sommes parfaitement d'accord avec eux sur cette conclusion.

106. — C'est en ce qui concerne les radiations ordonnées au cours d'un ordre que la question relative au rôle du conservateur fait le plus de difficultés. Nous plaçons ici les quelques observations que nous suggère cette discussion, pour bien dégager l'art. 548 — que nous réservons pour plus tard — de toute question voisine.

Ordre amiable.

107. — La radiation opérée en vertu de l'ordonnance constatant un règlement amiable est en quelque sorte à cheval entre celle ordonnée par jugement et celle opérée en vertu du consentement des parties. Nous avons toutefois admis avec la majorité des auteurs que le conservateur, couvert par l'ordonnance du juge, joue ici un

rôle purement passif (1), à la différence de celui qui lui incombe dans le cas de l'art. 2157 C. civ. C'est l'idée qui se dégage du § 6 de l'art. 751 C. procéd. : il n'est que l'exécuteur pur et simple d'une décision de justice (2).

Le conservateur n'a donc à examiner ni la question de la capacité des parties ni celle de la compétence du juge-commissaire. Il ne peut exiger ni la présentation d'un jugement, ni un certificat de non-appel et de non-opposition, ni la copie littérale du procès-verbal d'ordre. On sait d'ailleurs que dans l'opinion générale l'ordonnance n'est susceptible d'aucune voie de recours, qu'elle acquiert l'autorité de la chose jugée au moment même où elle est rendue.

Ordre judiciaire (Inscriptions non colloquées).

108. — 1° *L'ordonnance de clôture n'a pas été attaquée.* — Aux termes de l'art. 767 C. procéd., l'ordonnance de clôture de l'ordre est susceptible d'opposition et d'appel. On admet pourtant en général que le conservateur joue ici, comme dans l'hypothèse d'un règlement amiable, un rôle purement passif, qu'il ne peut exiger la production des certificats de l'art. 548, qu'il est couvert par l'ordonnance du juge, et que la responsabilité du greffier est seule en cause (3).

(1) Les arrêts cités au n° 48. Boulanger, t. II, p. 373 ; Seligman, p. 268 ; Garsonnet, p. 545 ; Rousseau et Laisney, p. 424.

(2) Circulaire ministérielle du 2 mai 1859 en ce sens. V. aussi *Journ. des Conserv.*, n°s 2685, 2811, 3150 ; Aix, 13 mars 1860 ; *J. des Cons.*, n° 1592 ; Cass., 11 juillet 1865 ; S., 65, 1, 342 ; Trib. de Beaune, 24 juillet 1862 ; Cour de Dijon, 5 février 1863.

(3) Trib. de Cahors, 22 juillet 1850 ; *Journ. des Avoués*, 50, 592 ; Cass., 1er août 1861 ; S., 62, 1, 85 ; *Sic* Boulanger et de Récy, p. 390 et les auteurs qu'ils citent.

L'opinion de MM. Pont, Seligman et Garsonnet nous semble plus conforme aux textes (1). D'après ces auteurs l'art. 548 serait au contraire applicable à l'hypothèse. Sans doute, l'art. 548 n'a en vue que les jugements, mais il faut convenir que notre hypothèse est identiquement la même que celle qu'il prévoit; dans les deux cas il s'agit de faire exécuter une décision judiciaire par un tiers. La question fut d'ailleurs résolue dans ce sens par Lancelin au Corps Législatif. Cet argument des travaux préparatoires suffit à répondre à celui que MM. Boulanger et de Récy tirent de ce fait que la signification à partie dont parle l'art. 548 est inconnue en matière d'ordre. Ne pourrait-on pas ajouter qu'ici comme ailleurs, *lex statuit de eo quod plerumque fit?* Le certificat de la signification à partie sera seulement remplacé par celui de la dénonciation par acte d'avoué à avoué de l'art. 767.

2° *L'ordonnance de clôture a été attaquée.* — 109. — L'ordonnance confirmée sur opposition ou appel sort son plein et entier effet. Si, au contraire, elle a été modifiée sur l'une de ces voies de recours, il faut décider, par analogie avec ce qui se passe après le jugement d'un contredit, que le juge modifiera son ordonnance conformément aux décisions rendues, mais que ce sera toujours en vertu de son ordonnance, et non en vertu du jugement ou de l'arrêt rendu que sera requise et opérée la radiation. D'après MM. Pont et Seligman, dont nous nous séparons ici, il appartiendrait au contraire au Tribunal ou à la Cour, modifiant l'ordonnance de clôture, d'ordonner la radiation des inscriptions non colloquées. La première interprétation reste bien dans les termes de

____

(1) Garsonnet, p. 715; Pont sur Seligman, p. 392.

l'article 769, qui suppose que « ... l'ordonnance de clôture ne peut plus être attaquée », car, comme le font observer **MM. Boulanger** et de Récy (1), « elle ne peut plus l'être utilement, aussi bien quand les voies de recours ont été épuisées que lorsqu'on a négligé d'y recourir. » S'il y a eu opposition sans appel, l'art. 548 C. procéd. recevra application pour le certificat de non-appel. S'il y a eu opposition et appel on présentera au conservateur, jointe à l'ordonnance, l'expédition du jugement ou de l'arrêt.

Consignation, art. 777. — 110. — L'ordonnance de validation de la consignation n'étant pas susceptible de recours (2), il y a lieu de faire ici application des mêmes règles qu'à la radiation dans l'ordre amiable. Le conservateur ne peut exiger aucune justification et doit radier sur la seule présentation de l'extrait de l'ordonnance.

Règlement de l'ordre à l'audience. — 111. — L'art. 548 C. pr. reçoit au contraire application dans l'hypothèse où il y a moins de quatre créanciers inscrits, à l'égard du jugement de distribution ordonnant la radiation. Ceci montre bien le peu de valeur de l'argument tiré par MM. Boulanger et de Récy (3), pour l'inapplication de l'art. 548 à l'ordonnance de clôture, de ce que ce texte suppose une signification à partie, alors que dans l'ordre toutes les significations se font à avoué. On admet parfaitement que le délai d'appel courra, conformément à l'art. 773, de la signification à avoué et l'on décide néan-

(1) *Loc. cit.*, t. II, p. 392.

(2) Seligman, p. 449; Pont, *id.*, *eod. loc.*; Boulanger et de Récy, p. 413. *Contra* : Bioche et Dalloz.

(3) Seligman, p. 417, n° 588; Boulanger, p. 410; *sic* Rousseau et Laisney, p. 135.

moins que l'art. 548 est applicable (1). Ainsi l'argument que l'on mettait en avant sur l'art. 769, on le trouve insuffisant et inefficace sur l'art. 773 C. procéd.

2. — *Responsabilité du Conservateur*.

112. — La responsabilité du conservateur n'est pas seulement, comme on pourrait être tenté de le croire, celle des art. 1382 et suiv. du Code civil, c'est une responsabilité contractuelle. Le conservateur est tenu, comme mandataire, de sa *culpa levis in abstracto* et encore avec la nuance de l'art. 1192 § 2, puisqu'il est mandataire salarié. Son mandat consiste à n'opérer la radiation que conformément à la loi et aux droits des parties. Il emporte pour lui obligation de se renseigner autant que les circonstances le permettent, et obligation de réparer le dommage causé par sa faute, sa négligence ou son imprudence, à moins que la partie n'ait usé de manœuvres frauduleuses pour l'induire en erreur sur son état ou sa capacité (2). Les art. 1382 et 1383 C. civ. suffiraient d'ailleurs pour qu'on pût tenir le conservateur pour responsable de toute imprudence commise.

113. — Au surplus, quel que soit le principe que l'on admette sur la question, il faut bien reconnaître que la question de fait joue forcément ici le plus grand rôle. La jurisprudence pose en principe « que le conservateur est à l'abri de toute réclamation lorsqu'il est établi qu'il n'a pas agi à la légère, qu'il s'est entouré de tous les renseignements propres à l'éclairer, et qu'il a eu de justes motifs de ne pas douter de la capacité des par-

(1) Boulanger et de Récy, t. II, p. 410.
(2) C. civ., art. 1310, par analogie.

ties » (1). En l'état actuel des textes, c'est la seule solution soutenable et — nous ajouterons, — dans l'application c'est la conséquence à peu près forcée de tous les
systèmes qu'on peut imaginer sur la responsabilité des
conservateurs.

3. — *Art. 548 Code de procéd.* (2).

114. — **Du** principe que la radiation est l'exécution
de la main-levée, résulte encore une autre conséquence :
par rapport au jugement équivalant à main-levée, la
radiation sera une mesure d'exécution caractérisée par
ce fait : qu'elle exigera le concours d'un tiers non partie au jugement, le conservateur. Or l'art. 548 C. procéd. édicte des règles spéciales pour l'exécution des
jugements par les tiers, règles que l'art. 2157 C. civ. a
déjà annoncées par avance en exigeant pour la radiation judiciaire, un jugement en dernier ressort ou passé
en force de chose jugée.

115. — C'est une question controversée, tout au
moins en doctrine, que de savoir si l'article 548 C. procéd. suppose ou non l'expiration des délais d'opposition
et d'appel (3). Sans vouloir discuter d'une façon com-

(1) Cass., 13 avril 1863 ; S., 63, 1, 297. V. Alger, 10 mai 1870 ;
S., 74, 1, 313 ; Req. rej., 22 août 1853 ; D., 54, 1, 364 ; Cass., 18 juillet 1838 ; S., 38, 1, 1004. V. Aubry et Rau, p. 296 et les auteurs
qu'ils citent. *Adde* Guillouard, p. 26 et suiv., n° 1068.

(2) *Adde*, art. 164 du même Code.

(3) Pour la négative, Rousseau et Laisney, t. IV, p. 373 et les
auteurs qu'ils citent. Dans notre sens : Bordeaux, Trib., 22 mai
1858 ; Cour, 9 décembre 1858 ; S., 59, 2, 193 ; Trib. de Châteauroux,
29 novembre 1852 ; D., 54, 5, 434 ; Boulanger, t. II. p. 310. *Contra* :
Paris, 15 février 1835 ; Le Havre, 19 mai 1837 ; *Journ. des Not.*,

plète la solution des auteurs qui se prononcent pour la négative, nous dirons seulement qu'une considération nous semble, à cet égard, absolument décisive. C'est que le texte perdrait toute utilité si le législateur avait vraiment entendu autoriser l'exécution contre les tiers avant l'expiration des délais et sur la seule justification qu'il n'y avait encore ni opposition ni appel formés. Et ce n'est pas l'interprétation judaïque des mots : « même après les délais d'opposition ou d'appel... » qui doit suffire à prévaloir contre cet argument tiré de la raison et de l'esprit de la loi. Mais quoi qu'il en soit, en ce qui concerne le jugement ordonnant une radiation, la question ne nous semble devoir soulever aucune difficulté. L'art. 2157 C. civ. exige en effet que ce jugement soit rendu en dernier ressort ou qu'il ait acquis la force de la chose jugée. C'est nous indiquer clairement que la radiation ne pourra être requise du conservateur tant qu'on sera encore dans le délai utile de l'opposition ou de l'appel.

116. — Dans le même ordre d'idées, il ne nous paraît pas moins certain que l'art. 2157 apporte une dérogation aux art. 135, 155 § 2 et 457 § 2 du Code de procédure ; qu'en d'autres termes le conservateur pourra se refuser à radier sur le vu d'un jugement déclaré exécutoire par provision, sans la présentation des certificats énoncés à l'art. 548. Ce qui revient à dire que les jugements ordonnant une radiation ne sont pas susceptibles d'exécution provisoire.

9429. On remarquera au surplus, que dans la doctrine adverse on ne s'explique pas du tout l'obligation de faire connaître aux tiers la date de la signification. C'est une prescription sans utilité et sans fondement.

Les travaux préparatoires confirment pleinement cette interprétation ; la rédaction primitive de l'art. 2157 portait : « ou en vertu d'un jugement exécutoire qui l'ordonne » (1). Le changement fut opéré sur des observations présentées à la séance du 10 Ventôse an XII et la comparaison du texte primitif avec la rédaction définitivement adoptée ne peut laisser aucun doute sur les intentions du législateur. C'est l'opinion de la jurisprudence (2). La majorité de la doctrine est en sens contraire (3). Elle peut invoquer les termes d'une circulaire de la Régie du 13 Nivôse an XIII et ceux d'une décision du Grand Juge en date du 25 Fructidor précédent, et réserve d'ailleurs le droit pour le créancier d'obtenir de la Cour des défenses conformément à l'art. 459 C. pr., et sauf à lui à les faire notifier au conservateur.

147. — Aux termes de l'art. 548 C. pr., il faut, si la décision n'est pas rendue en dernier ressort, fournir au conservateur la preuve de la signification du jugement, de sa date, et lui certifier qu'il n'existe contre lui ni opposition ni appel. Cette preuve se fait par certificats de l'avoué pour la signification (4), du greffier pour les mentions de voies de recours.

---

(1) Locré, p. 232 ; Fenet, p. 344.

(2) Pau, 14 mars 1837 ; D., 37, 2, 294 et sur pourvoi, Cass., 25 mai 1841 ; D., 41, 1, 229 ; Cass., 9 juin 1858 ; S., 59, 1, 621 ; Paris, 7 juin 1861 ; S., 61, 2, 400 ; Marseille, 27 août 1869 ; *J. des Cons.*, 2772.

(3) V. les auteurs cités par Boulanger, p. 324. En notre sens : Boulanger, *loc. cit.* ; Baudry-Lac. et de Loynes, p. 169 ; Aubry et Rau, p. 394.

(4) Le certificat de signification de l'avoué peut être remplacé par la remise au conservateur de l'original de l'exploit.

Pas de difficulté à cette solution si le jugement est contradictoire. S'il est par défaut faute de conclure, comme l'opposition n'est recevable que pendant la huitaine de la signification à avoué (1), il suffira également de produire un certificat du greffier constatant qu'aucune opposition n'a été formée durant ce délai.

118. — Mais supposons au contraire un jugement rendu par défaut faute de comparaître. Ici la question se complique singulièrement, parce qu'il n'y a plus de délai en cause. L'opposition est, en effet, possible jusqu'à l'exécution du jugement (2) et l'art. 548 pas plus que l'art. 164 ne contient d'explication à cet égard.

Puisque suivant nous ce qu'il faut prouver au conservateur, c'est que le jugement n'est plus susceptible d'opposition, il faudra lui fournir la preuve de son exécution. On la prouvera en lui notifiant la copie du procès-verbal soit de capture du défaillant, soit de la saisie de ses meubles ou immeubles ou même celle du procès-verbal de carence, mais accompagnée alors de la copie de la notification du carence à la personne du défaillant (3), ou

(1) Art. 157 C. procéd.

(2) Art. 158.

(3) La jurisprudence, on le sait, tend de plus en plus à admettre que le carence ne satisfait pas par lui-même aux conditions des art. 158-9 C. procéd. : ce n'est pas l'exécution du jugement, et il n'est pas nécessairement connu du défaillant. Il est donc insuffisant pour rendre l'opposition non-recevable ; Cass., 30 mars 1868 ; S., 68, 1, 220 ; 19 février 1873 ; D., 73, 1, 368 ; 7 décembre 1875 ; S., 76, 1, 101. — Autre est la question de savoir si le carence n'est pas par lui-même un acte d'exécution suffisant pour empêcher la péremption de l'art. 156. La jurisprudence est unanime à la résoudre affirmativement. V. notamment Cass., 30 mars 1868 précité ; Lyon, 29 mai 1874 : D., 76, 2, 126.

enfin, en lui signifiant la copie de la dénonciation d'une saisie-arrêt faite avec assignation en validité à la requête du créancier (1) ... etc.

119. — La solution reste exacte si le jugement, quoique ne prononçant aucune condamnation pécuniaire, met cependant les dépens à la charge du créancier ; ou, d'une façon plus générale, de la partie défaillante. Mais que décider en supposant que le Tribunal, tout en ordonnant la radiation, laisse les dépens à la charge du demandeur? Dans ce cas l'exécution du jugement ne peut consister exclusivement que dans la radiation, puisque celle-ci constitue son seul et unique objet. Il faut donc admettre que le conservateur ne pourra exiger, en ce qui concerne l'opposition, que la preuve de la signification du jugement. On y ajoute, en pratique, une sommation faite par le même acte « de comparaître à jour fixe devant le conservateur pour voir opérer la radiation ». Ce n'est là d'ailleurs qu'une mesure de précaution complémentaire, dont l'absence n'autoriserait point le conservateur à refuser de faire droit à la réquisition de radiation (2).

(1) La jurisprudence exige de plus que sur l'assignation en validité, le défaillant ait constitué avoué. Douai, 2 mai 1868 ; D., 68, 2, 124. La décision de la jurisprudence sur ce point ainsi qu'en ce qui concerne le procès-verbal de carence l'a nécessairement amenée à exiger, pour le cas de saisie, que le procès-verbal ait été signifié au débiteur ou qu'on justifie, par une déclaration émanant de lui, qu'il a connu l'exécution. Cass., 12 août 1868 ; D., 71, 5, 232. Alors, mais alors seulement, l'opposition ne sera plus recevable.

(2) Cette solution qui est le seul moyen de sortir d'un cercle vicieux, a été adoptée en doctrine et en jurisprudence. V. Baud.-Lac. et de Loynes, p. 168 et les auteurs qu'ils citent. Pau, 24 janvier 1834 ; S., 34, 2, 553 ; Cour de La Martinique, 19 mars 1842 ;

120. — Les certificats énoncés à l'art. 548 ne sont plus requis si la partie qui pouvait user de l'opposition ou de l'appel a acquiescé au jugement. Ils n'ont plus alors de raison d'être, puisqu'en rapportant au conservateur la preuve de cet acquiescement, on lui prouve que l'opposition et l'appel sont désormais impossibles. Si l'acquiescement est judiciaire — qu'il se soit produit en justice ou qu'un jugement ait tranché affirmativement la question de savoir s'il y avait eu ou non acquiescement tacite, — il faudra que ce jugement lui-même soit définitif, c'est-à-dire que pour s'éviter de produire les certificats en ce qui concerne le jugement acquiescé, il faudra les produire pour le jugement qui constate l'acquiescement. Dans ce cas, il sera toujours plus pratique d'observer purement et simplement l'art. 548 vis-à-vis du jugement qui prescrit la radiation.

121. — Si au contraire l'acquiescement est extrajudiciaire, c'est-à-dire si, ayant fait l'objet d'une convention entre les parties ou de la renonciation de l'une

S., 44, 2, 29. On a fait avec raison observer qu'il est d'autres hypothèses où une solution semblable doit être admise. M. Chauveau (sur Carré, *Lois de procédure*, t. II, p. 102 et 103) cite le cas d'un jugement faisant défense au défendeur de porter le nom du demandeur. En dehors de la poursuite en recouvrement des frais le seul acte d'exécution concevable est la signification. L'opposition si le jugement est par défaut, restera d'ailleurs recevable jusqu'à ce qu'on rapporte la preuve que la signification a été connue du détaillant. En ce qui concerne la sommation à la partie adverse de comparaître à jour fixé pour voir opérer la radiation, certains auteurs la considèrent comme nécessaire et indispensable à la régularité de la procédure. V. Chauveau sur Carré, *loc. cit.*; Baud.-Lac. et de Loynes, n° 1879. *Contra* et dans le sens de notre opinion, V. Bourges, 1er février 1886; D., 87, 2, 20.

d'elles, il n'est pas constaté par jugement, il est intéressant d'observer combien l'hypothèse est voisine de celle de la radiation volontaire. En réalité ce sera la convention des parties portant sur le jugement, que le conservateur exécutera en opérant la radiation, tout autant que le jugement lui-même.

122. — En fait l'acte constatant l'acquiescement exprès donnera souvent main-levée, mais dans tous les cas, et en dehors même de cette hypothèse, il ne pourra être pris en considération par le conservateur que s'il est revêtu de la forme authentique. Ainsi se trouve complétée l'analogie existant entre l'hypothèse et celle de l'art. 2157 (1).

Nous savons maintenant ce qu'est la radiation, en quoi elle consiste et quelle est sa nature. Nous connaissons le lien de cause à effet qui l'unit à la main-levée. Il nous reste — et ce n'est pas la question la moins intéressante — à déterminer l'étendue de ses effets juridiques (2).

(1) *Sic* Boulanger et de Récy, p. 331 ; Martou, t. III, n° 1222 ; Dalloz, *Répert.*, n° 2736 ; Pont, n° 1101. *Non obstat*, Rouen, 8 février 1842. V. Dalloz, *Répert.*, *loc. cit.* Il est admis en général que le conservateur, comme au cas d'acquiescement régulier, n'est plus fondé à exiger la présentation des certificats de l'art. 548 s'il a été partie à l'instance. V. les auteurs précités. Nous ne discuterons pas cette solution qui cependant ne nous satisfait pas entièrement. V. Aix, 2 janvier 1867 ; S., 68, 2, 6 ; Toulon, 17 janvier 1866 ; *Journ. des Conserv.*, 2138.

(2) La mention prescrite par l'art. 163, le retrait et la délivrance des certificats des art. 164 et 548 donnent lieu pour l'avoué à autant de vacations de 1 fr. 50, 1 fr. 35 ou 1 fr. 15. De même pour la mention de l'art. 549 en ce qui concerne l'avoué d'appel. V. tarif de 1807, art. 90, par. 10, 13 et 14.

CHAPITRE II

EFFETS JURIDIQUES DE LA RADIATION

123. — La radiation est toujours au moins l'anéantissement juridique de l'inscription. Mais elle peut avoir une portée plus grande et entraîner la disparition du droit hypothécaire lui-même. C'est toujours là une conséquence de notre principe : la radiation est l'exécution pure et simple de la main-levée, la portée de celle-ci doit donc déterminer celle de la radiation ; suivant ses termes le créancier pourra ou ne pourra pas reprendre une nouvelle inscription. La radiation opérée en vertu d'un jugement, dans le cas de l'art. 2160 porte toujours et nécessairement sur l'inscription, puisqu'elle suppose soit que le droit hypothécaire n'a jamais existé, soit qu'il a définitivement disparu (1). Nous nous sommes suffisamment expliqué sur la portée des radiations ordonnées au cours d'un ordre.

124. — Les effets de la radiation sont pour nous considérables, puisque nous considérons comme produits par elle tous ceux que la doctrine générale déclare résulter de la seule main-levée. Celle-ci étant par elle-même — à notre avis — dénuée d'effet en ce qui con-

(1) V. aussi loi 3 septembre 1807, art. 1.

cerne les tiers, ce n'est qu'au jour où la radiation aura été opérée, que la main-levée — dont elle n'est que l'exécution — pourra être opposée aux tiers et qu'ils pourront s'en prévaloir, — principe qu'admet, nous le savons, la jurisprudence, pour le cas où la main-levée a été consentie à un tiers acquéreur (1).

La radiation joue ainsi, à l'égard des tiers, le même rôle que l'inscription ou la transcription.

125. — Ce qu'il importe maintenant de préciser avec soin, c'est le caractère de la radiation vis-à-vis des tiers. Ce caractère doit être déterminé — si l'on peut ainsi parler — à la fois dans le temps et dans l'espace ; dans l'espace, — c'est-à-dire qu'il faut examiner si la radiation opère d'une façon absolue ou relative ; — dans le temps, ce qui signifie qu'il y a lieu de se demander si ses effets se produisent d'une façon irrévocable, définitive, ou provisoire et temporaire. Nous le ferons par deux observations.

126. — En premier lieu, on peut poser en principe que l'effet de la radiation, quoique circonscrit par l'intention des parties et dans les limites mêmes de cette intention, est absolu. Il y a là deux questions qu'on ne saurait confondre : la portée de la radiation et la façon dont elle opère vis-à-vis des tiers intéressés.

Si elle ne porte que sur l'inscription, l'hypothèque perd son rang *erga omnes*. Si elle porte sur le droit même d'hypothèque, elle anéantit entièrement son effet.

C'est ainsi que le droit de préférence disparaîtra

(1) Cass., 20 juin 1859 et autres arrêts précités.

comme le droit de suite, à moins toutefois qu'il n'y ait réserve expresse du droit de préférence (1).

127. — De même, si nous supposons une créance hypothécaire productive d'intérêts, la radiation opérée en vertu d'une main-levée ne faisant mention que du capital entraînera la disparition de l'hypothèque en tant qu'elle garantit le paiement de trois années d'intérêts au même rang que le principal (2). Outre que l'art. 1908 C. civ., s'il n'a pas trait directement à la question qui nous occupe rend au moins fort vraisemblable la solution que nous proposons, on peut certainement reprocher au créancier de n'avoir pas réservé sa créance d'intérêts. Ce n'est pas au conservateur qu'il appartient d'agir en son lieu et place. Sur la présentation d'une main-levée ayant pour objet le principal de la créance et ne contenant aucune réserve expresse relativement

---

(1) La radiation des inscriptions non colloquées, en matière d'ordre, est seule régie à cet égard par des principes spéciaux. L'effet de cette radiation, prescrite exclusivement dans l'intérêt de l'acquéreur de l'immeuble est, en premier lieu, relatif (v. *supra* n° 44) et, nous ajouterons, conditionnel. Il est subordonné à cette condition que les créanciers utilement colloqués absorberont l'intégralité du prix à distribuer. Si cette condition ne se réalise pas, le reliquat sera attribué aux créanciers non colloqués dans le règlement, suivant l'ordre de leurs inscriptions (V. *supra* n° 53). — Amiens, 4 août, 1835, et sur pourvoi. Cass., 8 août 1836; S., 36, 1, 531 ; Cass., 20 juin 1838; *Journ. de l'Enregistrement*, n° 12463, 4. — V. aussi ce qui a été dit plus haut de l'hypothèse d'une main-levée consentie à un tiers acquéreur subrogé. Nous ferons seulement remarquer que dans notre théorie la question se présente ici d'une façon toute différente, puisque la main-levée a été effectivement suivie de radiation.

(2) C. civ., 2151.

aux intérêts, il est resté dans son rôle en effectuant la radiation totale de l'inscription.

128. — De même, dans le cas d'inscription prise collectivement et pour différentes hypothèques sur les biens de plusieurs débiteurs tenus principalement ou accessoirement, la radiation opérée en vertu d'une main-levée ne contenant aucune réserve expresse opérera sans distinction vis-à-vis de tous les débiteurs grevés (1).

129. — Dans le même ordre d'idées, la radiation d'un privilège immobilier emporte anéantissement de l'hypothèque contenue dans ce même privilège. La doctrine décompose toute créance privilégiée sur un immeuble en deux éléments : un privilège personnel adjoint à la créance et un droit réel se résolvant en une hypothèque tacite. Raisonnement dont il est difficile de contester la valeur en présence de l'art. 2113 : — si les formalités de publicité prescrites par la loi n'ont pas été remplies, un des éléments — le privilège attaché à la faveur de la créance — disparaît, et il ne reste plus que le second, c'est-à-dire que le privilège dégénère en une hypothèque tacite.

En supposant admise cette théorie de l'école, il faut donc reconnaître que la radiation du privilège entraînera la disparition de l'hypothèque qui y est contenue, sauf à en décider autrement si la main-levée s'expliquait catégoriquement sur ce point (2). Ce n'est pas là seulement une solution conforme à l'intention probable des parties, c'est aussi, — dans l'état actuel de notre législation —

(1) V. Boulauger et de Récy, t. I, p. 22.
(2) V. cependant Nimes, 27 juin 1838 ; S., 38, 2, 504. Observations dans le *Journ. des Not.*, 10307 et 10552.

une solution de bon sens : puisque l'hypothèque n'est,
à proprement parler qu'un élément, qu'une fraction du
privilège, la radiation de l'inscription doit avoir pour les
deux le même effet.

130. — Enfin la radiation du privilège du vendeur
d'immeuble entraîne l'extinction de l'action résolutoire
pour défaut de paiement du prix. La question semble
bien tranchée en ce sens par l'art. 7 de la loi de 1855 et
il est permis de s'étonner qu'en présence de ce texte
toute controverse n'ait pas disparu (1). Il faut bien se
rendre compte de la signification de la radiation pour
les tiers. Elle leur annonce soit que le prix a été payé,
soit que le vendeur a renoncé sinon à la créance du prix
elle-même, du moins aux sûretés réelles qui en garan-
tissaient le paiement. Et dès lors n'est-il pas véritablement illogique de conserver au vendeur qui a consenti
la radiation de son privilège, son action en résolution
pour défaut de paiement du prix ? Pour cette raison nous
serions assez porté à croire, malgré le renvoi exclusif
du texte à l'art. 1654, — que la radiation du privilège
du vendeur doit entraîner l'extinction de l'action résolutoire même au cas où celle-ci a été expressément sti-
pulée dans le contrat (2).

(1) *Contra* : Pont sur Marcadé, n° 272 ; Avignon, 28 mai 1860 ;
Journ. des Conserv., 1997. — En fait on insère dans la main-levée
de privilège une clause spéciale portant désistement exprès du
vendeur à l'action résolutoire. V. *Formulaire du Notariat* de Defre-
nois et Vavasseur, form. 811.

(2) En ce sens : Pau, 17 mai 1875 ; S., 75, 2, 332 ; Flandin, *De la
Transcription en matière hypothécaire*, t. II, p. 373. *Non obstat*
l'observation en sens contraire de M. Millet au Corps législatif,

Par ailleurs il est incontestable que le vendeur consentant la radiation de son privilège pourrait, au moyen d'une réserve expresse, sauvegarder son action en résolution. Dans ce cas il n'y aurait lieu qu'à une radiation partielle, et le conservateur devrait laisser subsister l'inscription en tant qu'elle révèle la survie de l'action résolutoire au privilège radié.

Si nous nous plaçons maintenant au second point de vue, nous dirons que la main-levée opère d'une façon irrévocable et définitive, parce que du moment où elle est opérée elle engendre pour les tiers un droit acquis. Ils peuvent désormais compter — le principe de la publicité hypothécaire le veut ainsi — n'avoir plus rien à craindre ni à espérer d'une inscription qui à leur égard a cessé d'exister et perdu son efficacité juridique. Mais tout n'est pas dit pour cela.

131. — La main-levée, qu'elle soit un acte unilatéral ou une convention, étant un acte émané du consentement, peut être annulée pour incapacité, erreur, dol ou violence (1). D'autre part le jugement qui a ordonné la radiation peut être rétracté sur requête civile ou sur pourvoi en cassation (2). On sait en effet que l'art. 548 laisse en dehors de lui ces voies de recours extraordinaires. Le législateur n'a pas cru nécessaire ici d'user de la même précaution qu'en ce qui concerne la transcription du jugement de divorce par l'officier de l'état

séance du 16 janvier 1855, *Moniteur* du 18 : Troplong. *De la Transcription*, nᵒˢ 301 et suiv.

(1) C. civ., art. 1109.
(2) Même question pour la tierce opposition.

civil (1), et l'exécution du jugement statuant sur une inscription de faux (2).

132. — La radiation des inscriptions non colloquées, prescrite par le juge en vertu d'un règlement d'ordre amiable, peut donner lieu à la même difficulté. D'après la plupart des auteurs ce règlement peut en effet être attaqué par voie de nullité ou de rescision dans les cas prévus par l'art. 1304 C. civ., ou par la voie de l'inscription de faux (3).

L'ordonnance qui valide la consignation non contestée, pouvant être, dans l'opinion générale, attaquée en cassation pour excès de pouvoir, fait naître la même question.

Enfin, dans l'opinion qui conteste l'application de l'article 548 à la radiation prescrite par l'ordonnance de clôture de l'ordre judiciaire, la même question semblerait devoir se poser, quoique pour les partisans de cette théorie la responsabilité du greffier soit seule en cause. S'il a délivré l'extrait prescrit par l'art. 769 avant que l'ordonnance soit devenue définitive, et si le jugement ou l'arrêt intervenu sur l'opposition ou l'appel colloque une inscription dont le juge avait ordonné la radiation comme ne venant pas en ordre utile (4), ce créancier

(1) Pour le pourvoi en cassation tout au moins. C. civ., art. 252.

(2) Suspension de l'exécution du jugement jusqu'à l'acquiescement valable ou jusqu'à l'expiration des délais de requête civile ou de pourvoi en cassation. C. procéd., art. 241.

(3) Amiens, 17 juillet 1868 ; D., 69, 2, 21.

(4) On sait que dans l'ordre sans consignation, le juge ne peut ordonner que la radiation des inscriptions non colloquées. V. C. proc., art. 769, 770, 771.

n'aura-t-il pas le droit de faire disparaître la radiation opérée?

Enfin, que décidera-t-on, si le conservateur a, par suite d'une erreur matérielle, opéré la radiation d'une inscription à la place d'une autre, si par exemple, requis de radier l'inscription n° 241, il a effectivement radié l'inscription n° 242 (1) (2)?

133. — Dans tous ces cas une question se pose, d'un intérêt considérable, parce qu'elle met directement en jeu les principes de la publicité hypothécaire. Quelle va être la situation juridique de ce créancier, dont l'inscription a fait l'objet d'une radiation postérieurement annulée par justice ? En réalité cette question en comprend deux : ce créancier peut-il, doit-il même, prendre une nouvelle

(1) Espèce de Grenoble, 23 juin 1836, et sur pourvoi, Cass. rej., 18 juillet 1838; Dalloz, *Répert.*, n° 2722, 3°.

(2) La même question se pose encore au cas d'annulation du règlement définitif d'un ordre judiciaire, ainsi dans le cas où ce règlement s'est opéré hors la présence d'un créancier qui n'a pas reçu la notification de l'art. 2183 et dont le privilège a été rayé en vertu de l'ordonnance du juge-commissaire. Cour de Paris, 9 juillet 1892; D., 93, 2, 549. Il a été jugé par cet arrêt : que l'ordre est nul à l'égard de ce créancier en tant qu'il lui porte préjudice ; que malgré l'expiration des délais impartis par l'art. 767 C. procéd. il conserve contre lui une action en nullité relative ; que n'ayant pas été régulièrement lié à la procédure, le règlement n'a pas contre lui l'autorité de la chose jugée ; qu'il n'est donc pas obligé de l'attaquer dans les formes et délais prescrits par la loi. Au surplus, ni la convocation à la tentative de règlement amiable ni la sommation de produire adressées à ce créancier, ne couvrent la nullité résultant du défaut de notification. Malgré le règlement définitif, il peut faire valoir ses droits et invoquer son privilège. La radiation opérée en vertu de l'ordonnance du juge-commissaire est nulle, et le créancier lésé doit être rétabli dans son inscription.

inscription? Si oui, quel sera l'effet de cette inscription, et, dans tous les cas, quel sera l'effet de l'annulation de la radiation, rendue — on le suppose — opposable aux tiers?

a) PREMIÈRE QUESTION

Le créancier rétabli doit-il prendre une nouvelle inscription?

134. — Sur la première de ces questions, la doctrine n'est pas complètement d'accord. Suivant les uns, le créancier n'a pas à prendre une nouvelle inscription (1). La majorité des auteurs lui en fait au contraire une obligation (2). Dans l'opinion de MM. Baudry-Lacantinerie et de Loynes, le créancier, s'il n'a pasà s'inscrire, doit faire mentionner en marge de son inscription primitive l'annulation de la radiation par justice (3). La marge de l'inscription comprendra ainsi et la mention de radiation et celle du jugement d'annulation. MM. Boulanger et de Récy (4) semblent exiger cumulativement l'accomplissement des deux formalités : mention en marge et inscription à nouveau. On sait d'ailleurs que notre législation tend de plus en plus à centraliser par le principe des

(1) Laurent, t. XXXI, p. 203-204 ; Baud -Lac. et de Loynes, *loc. cit.*, p. 179 ; de Loynes, note sous Paris ; D., 93, 2, 569.

(2) Guillouard, p. 355 ; Pont, p. 464 ; Martou, p. 280 ; Troplong, p. 302 ; Aubry et Rau, p. 396.

(3) Ces auteurs semblent indiquer M. Laurent comme le précurseur de cette opinion, quoiqu'il ne s'explique pas formellement à cet égard.

(4) T. I, p. 17.

mentions en marge la publicité des faits juridiques relatifs à un même objet (1).

135. — Il nous semble incontestable qu'au point de vue logique et rationnel l'obligation pour le créancier de s'inscrire à nouveau, ne se comprend pas, et comme d'un autre côté il ne peut recouvrer *erga omnes* son droit hypothécaire sans publicité il est bien préférable de décider que celle-ci sera réalisée par le mode indiqué plus haut. Il n'est point investi, qu'on le remarque bien, d'une hypothèque nouvelle ; c'est l'ancienne qui renaît, sauf à déterminer dans quelle mesure et vis-à-vis de quelles personnes. Il reste donc seulement à faire disparaître l'obstacle qui s'opposait à ce que l'inscription produisît effet. Solution d'ailleurs conforme à la règle que ce qui est nul ne peut engendrer aucune conséquence et aussi au principe de la déclarativité des jugements. Nous nous rallions donc pleinement, et pour les motifs qu'ils indiquent, à l'opinion de MM. Baudry-Lacantinerie et de Loynes. Nous ajouterons qu'elle est en harmonie avec les règles qui gouvernent la tenue des registres hypothécaires. Puisque la radiation, qui n'est en somme que l'annulation de l'inscription est mentionnée en marge de celle-ci, il est logique d'y mentionner aussi l'annulation de la radiation elle-même.

136. — Il n'est qu'un cas où la théorie de ces auteurs nous paraît insoutenable, et où le créancier, à notre avis, ne pourra se dispenser de prendre une nouvelle inscription. C'est celui où l'inscription radiée a été atteinte par la péremption. Après dix ans, l'inscription n'existe

(1) V. notamment C. civ., art. 62-101, 251 ; L. de 1886, 958 ; Loi de 1855, art. 4 et 9 ; C. procéd., 857,

plus, à tel point que le conservateur ne doit même pas la faire figurer sur les états qu'il délivre. La radiation disparue, on ne peut donc pas dire que l'inscription subsiste ; il n'y en a plus, et comme il faut bien que l'hypothèque soit de nouveau portée à la connaissance des tiers, on ne peut faire autrement que d'exiger du créancier une nouvelle inscription.

137. — A la différence également de MM. Baudry-Lacantinerie et de Loynes (1), nous ne voyons pas qu'il y ait lieu de distinguer — relativement à la question qui nous occupe — entre le cas où la main-levée porte sur le droit hypothécaire et celui où elle a pour objet l'inscription seulement. Nous maintenons nos solutions pour les deux hypothèses sans distinction, comme nous avons admis, sans distinction entre elles, l'irrévocabilité de la main-levée (2).

138. — En résumé la doctrine, on peut le dire, est d'accord sur ce point que l'inscription dont la radiation a été annulée ne revit pas de plein droit. La question d'ailleurs n'est pas indépendante de celle de savoir à qui sera opposable l'inscription rétablie. Aussi, quoique les arrêts ne semblent pas résoudre d'une façon directe et précise la première difficulté, la plupart de ceux relatifs à la seconde — et qui seront cités plus loin — semblent-ils supposer admis le principe que le créancier rétabli dans son inscription doit s'inscrire à nouveau (3). Il

(1) *Loc. cit.*, p. 180.

(2) Nous avouons ne pas voir la raison de la distinction ici posée par ces auteurs.

(3) V. tous les arrêts qui seront cités *infra*. Les auteurs qui déclarent inutile la nouvelle publicité sont ceux qui déclarent opposable à tous les tiers sans distinction l'annulation de la radiation

est en effet un point certain, c'est que la radiation opérée a anéanti l'effet juridique de l'inscription, et que si, une fois la radiation annulée l'hypothèque revit à l'égard des tiers sans publicité, on viole à la fois les art. 2134 et 2166 du Code civil. Pourquoi l'hypothèque serait-elle dispensée de publicité par suite de ce fait qu'elle a été l'objet d'une radiation annulée? On objecte que l'annulation de la radiation rend à l'inscription toute son efficacité, que le créancier n'est pas investi d'un droit nouveau, mais de son droit primitif, qui renaît. Mais que devient, nous le demandons, le principe de la publicité hypothécaire si l'on déclare suffisante la publicité qui résulte d'une inscription portant en marge une mention de radiation? Celle-ci a été annulée, nous le voulons bien, mais comment les tiers pourront-ils avoir connaissance du jugement d'annulation, et à quoi servent les registres du conservateur s'il y a désaccord et contradiction entre l'état de choses qu'ils révèlent et la situation réellement existante?

139. — Faisant droit à ces objections qu'on peut dire irréfutables, la jurisprudence et la plupart des auteurs admettent donc que le créancier dont l'inscription a été rétablie après radiation devra s'inscrire à nouveau. Nous sommes d'accord sur le principe : le rétablissement de l'inscription est soumis à la publicité. Mais à quelle sorte de publicité? Voilà où commence la discussion. MM. Baudry-Lacantinerie et de Loynes (1) se séparant de l'opinion générale, décident que le créancier n'aura pas

---

et le rétablissement de l'inscription. V. Laurent, Ernst, Persil, Battur, post cités.

(1) *Adde*, note anonyme sous Cass. d°; D., 96, 1, 548.

à s'inscrire à nouveau, mais qu'il devra faire mentionner
e jugement d'annulation en marge de l'inscription
rayée.

140. — Nous ferons remarquer, en terminant sur ce
point, que cette solution a le mérite incontestable d'échapper à un reproche de contradiction qui peut être adressé
à la théorie générale et d'éviter plusieurs inconvénients
pratiques de celle-ci.

Le créancier dont l'inscription est rétablie après radiation n'est point investi d'une hypothèque nouvelle,
son titre hypothécaire est toujours l'acte originaire. Solution conforme à la logique et aussi à cette règle que
les jugements sont purement déclaratifs et n'engendrent
point de droits nouveaux. La meilleure preuve en est
que si le créancier doit prendre une nouvelle inscription, celle-ci, — pour satisfaire aux prescriptions de la
loi relatives à la mention de la date et de la nature du
titre — devra indiquer, non pas le jugement qui a pro-
noncé la nullité de la main-levée, mais l'acte originaire,
constitutif du droit que le créancier est censé n'avoir
jamais perdu (1). Puisqu'il n'y a pas de droit nouveau il
est donc illogique et contradictoire d'exiger une inscription nouvelle.

141. — Mais l'opinion générale se heurte encore à
une plus grave difficulté. Si une inscription nouvelle est
indispensable, que décider, si depuis la radiation s'est
produit un de ces événements qui aux termes de la loi,
arrêtent le cours des inscriptions? Ainsi le créancier,
après avoir obtenu le jugement d'annulation se trouve
en face d'une faillite ou d'une succession acceptée sous

(1) Art. 2148, C. civ. V. Cass., 26 juin 1895; D., 96, 1, 548.

bénéfice d'inventaire. Pour lui permettre de s'inscrire à à nouveau, il faut, ou violer le texte des art. 2146 C. civ. et 448 C. com., ou considérer la nouvelle inscription comme le rétablissement de la première. Mais alors, comme on l'a fait justement observer (1), elle n'est plus une inscription nouvelle. Nous ajouterons que cette fiction elle-même serait insuffisante pour autoriser la violation des textes précités, car l'hypothèse — nous l'avons dit — est identiquement celle qu'ils ont en vue, celle d'une hypothèque valablement née, et qu'il s'agit de rendre publique.

La question se présente de la même façon et la même observation peut être faite si, l'immeuble hypothéqué ayant été vendu, l'acquéreur a fait transcrire son titre d'acquisition (2).

142. — Un arrêt de la Cour de Paris du 9 juillet 1892 semble bien admettre que la déclaration de faillite de l'acquéreur ne fait pas obstacle à ce que le créancier puisse prendre une nouvelle inscription, mais il faut observer que la chose allait de soi dans l'espèce, la déclaration de faillite étant antérieure à la radiation (3) (4).

---

(1) MM. Baud.-Lac. et de Loynes, *loc. cit.*, p. 179.

(2) L. 23 mars 1855, art. 6.

(3) D., 93, 2. 569 et la note de M. de Loynes.

(4) Un arrêt d'Angers sur lequel nous aurons à revenir admet au contraire que la transcription opérée dans l'intervalle de l'inscription et de la radiation met obstacle à l'inscription nouvelle. Dans l'opinion générale on échappe à nos objections et aux inconvénients pratiques signalés au texte en considérant la deuxième inscription non pas comme une inscription nouvelle ni même comme une inscription prise en renouvellement, mais comme un prolongement de la première, qui revit et réapparaît sur les registres.

Au surplus cet arrêt, quoique ne s'expliquant pas très catégoriquement, semble bien admettre notre opinion. Il ordonne en effet : « la suppression de la radiation ainsi que de la mention qui la constate, dit que le conservateur sera, au vu du présent arrêt, tenu d'opérer cette suppression sur le registre des hypothèques ». Les registres n'étant susceptibles de comporter aucune radiation véritable opérée par rature ou bâtonnement il semble bien que la suppression ordonnée ne pouvait être exécutée que par une mention en marge.

b) DEUXIÈME QUESTION

Effets du rétablissement de l'inscription rendu opposable aux tiers.

1° *Position de la question.* — 143. — Il s'agit maintenant de déterminer quels seront les effets de l'annulation de la radiation, et à qui le rétablissement de l'inscription sera opposable (nous supposerons toujours le jugement d'annulation rendu public, soit par une nouvelle inscription, soit par une mention en marge de l'inscription primitive, suivant le principe admis). Pour éclaircir la question, déjà suffisamment obscure, observons que *Primus*, créancier rétabli dans son inscription, peut se trouver en face de quatre catégories de tiers ; ou, si

L'argumentation est au moins subtile. V. l'exposé du rapporteur dans l'arrêt de cass. de 64 post cité ; D., 64, 1, 359.

l'on veut, que ses co-créanciers (1) peuvent être rangés en quatre séries distinctes suivant l'époque de leurs inscriptions : inscriptions antérieures à la sienne — inscriptions postérieures, mais antérieures à la radiation — inscriptions prises entre la radiation et son annulation — inscriptions postérieures à la publicité donnée au jugement d'annulation. Deux de ces catégories de créanciers doivent être tout d'abord éliminées ; les uns comme n'étant pas intéressés à la question — ce sont ceux inscrits avant *Primus*, — les autres parce qu'à leur égard aucune difficulté ne peut être soulevée — ce sont ceux qui s'inscriront après la mention en marge ou l'inscription nouvelle, opérées en vertu du jugement d'annulation.

144. — Nous disons qu'à l'égard des premiers la question est sans intérêt, et qu'elle doit se discuter en dehors d'eux, puisqu'en toute hypothèse, quelle que soit la solution que l'on adopte, — fût-ce même la plus favorable à *Primus*, c'est-à-dire le rétablissement de l'inscription à sa date primitive, — elle ne pourra leur préjudicier en aucune façon. Inversement, les créanciers inscrits après le rétablissement de *Primus* dans son inscription, ne peuvent prendre part à la discussion parce qu'en toute hypothèse ils seront primés par lui. Sur quoi se baseraient-ils pour prétendre que le rétablissement, rendu public, de l'inscription, ne leur est pas opposable ? La règle *prior tempore potior jure* suffit à déterminer leur rang. Aussi même dans l'opinion la moins favorable à *Primus* doit-

(1) La question est identiquement la même pour les tiers acquéreurs ayant fait opérer des transcriptions. Tout ce qui, pour abréger, sera dit des créanciers inscrits devra leur être appliqué.

on convenir que l'inscription rétablie produira, vis-à-vis d'eux, l'intégralité de ses effets (1).

2° *Discussion.* — 145. — Restent donc en définitive deux catégories de tiers à l'égard desquels la question se pose dans toute son ampleur : ceux dont les titres ont été inscrits ou transcrits entre l'inscription de *Primus* et sa radiation, ou entre celle-ci et le rétablissement de l'inscription. Encore faut-il observer qu'elle ne se pose pas de la même façon vis-à-vis des uns et des autres. Prenons d'abord les créanciers qui se sont inscrits après la radiation et avant le rétablissement de l'inscription de *Primus.* Il est manifeste qu'ils ont traité, comptant, sur la foi des registres hypothécaires, n'avoir plus rien à craindre de l'inscription de *Primus,* et qu'ils sont bien forts, quand invoquant le principe fondamental de la publicité hypothécaire, ils prétendent que l'inscription rétablie de *Primus* ne leur est pas opposable, puisqu'elle n'existait pas quand eux-mêmes ont pris inscription. La situation des tiers dont les inscriptions ou transcriptions sont postérieures à l'inscription de *Primus,* mais antérieures à sa radiation, est bien différente. Ils ne peuvent en effet prétendre avoir traité sur la foi de cette radiation, ayant accepté la situation telle qu'elle était auparavant, avec *Primus* figurant parmi les créanciers inscrits. Il semble donc qu'eux aussi, comme les créanciers de la deuxième catégorie éliminée, devraient être primés par *Primus.* Comment la question peut-elle se poser à leur égard ? De la façon suivante : en fait ces tiers, ayant vu leur situation améliorée, peut-être complètement transformée, par la radiation, auront modifié en conséquence leur attitude :

(1) Colmet de Santerre, t. IX, n° 138 *bis*, VIII.

créanciers, ils se seront abstenus d'une mesure conservatoire qu'ils jugeaient désormais inutile (inscription, renouvellement...) : acquéreurs, ils auront accompli sur la
foi de cette radiation régulièrement opérée, différents
actes que le rétablissement de l'inscription de *Primus*
remet complètement en question : ils auront, par exemple,
payé leur prix à des créanciers hypothécaires postérieurs
à *Primus*, ou même aux chirographaires, la purge n'ayant
révélé l'existence d'aucune hypothèque.

En agissant ainsi, ces créanciers, ces acquéreurs ont
compté sur la radiation de l'inscription de *Primus*, et
en ce sens ont peut dire d'eux comme de ceux de la
troisième catégorie qu'ils ont agi sur la foi des registres
hypothécaires.

146. — Nous exposerons successivement les trois
opinions qui se sont fait jour sur cette question ; les deux
dernières étant du reste complètement d'accord en ce
qui concerne les créanciers inscrits après la radiation
et ne divergeant que pour la situation à faire aux tiers
dont les inscriptions ou transcriptions sont antérieures
à la radiation de l'inscription de *Primus*.

Premier système. — 147. — C'est au nom de soi-disant
principes généraux, que M. Laurent prend le contre-
pied absolu de la doctrine et de la jurisprudence françaises (1). Pour lui l'inscription rétablie reprend *erga
omnes* sa date primitive sans aucune distinction. Entre
les droits acquis aux tiers dans l'intervalle, et celui du
créancier il n'y a pas, dit-on, à hésiter. Ce qui est nul
est censé n'avoir jamais existé, la radiation annulée doit
donc être réputée dépourvue de toutes conséquences

____

(1) Laurent, t. XXXI, n° 197 et suiv., 231 et suiv.

juridiques à l'égard de qui que ce soit, et le créancier
rétabli dans son inscription, doit retrouver celle-ci in-
tacte, puisqu'elle n'a pas été valablement radiée. En
d'autres termes, la radiation étant annulée, n'a pu fonder au profit des tiers aucun droit acquis dont ils puissent se prévaloir au préjudice de *Primus*; l'annulation
de la radiation opère avec rétroactivité *erga omnes*.

148. — Cette théorie qu'on peut dire restée sans écho
en France (1) a bénéficié en Belgique, du moins au regard de la jurisprudence, du prestige qui s'attache
au nom illustre de Laurent. La Cour de cassation de
Bruxelles vient de l'adopter (2), sur les réquisitions
conformes de l'Avocat général, qui s'était borné à déve-
lopper devant elle l'opinion du savant professeur en la
mettant en face de la doctrine et de la jurisprudence
françaises. Il faut lire ces conclusions pour se bien convaincre qu'une semblable théorie ne peut se soutenir
qu'en niant de la façon la plus absolue l'application à
la matière du principe de la publicité hypothécaire :
« Ce qui fait naître l'hypothèque, ce qui lui donne
l'existence ce n'est pas le registre du conservateur,
c'est le titre de sa constitution... donc l'inscription prise
en vertu d'un titre faux ne saurait produire aucun effet,
de même la radiation opérée en vertu d'un titre faux ;
il ne pourrait y avoir qu'une radiation apparente, mais
sans réalité juridique, et, partant sans effet. » Principe
évident, mais qu'il faudrait combiner ici avec celui de

(1) V. cependant Persil, *Régime hypothécaire*, t. I, p. 473, art.
2134, n° 6; Battur, *Traité des privil. et hypothèques*, t. IV, n° 690.
Dans le même sens en Belgique, Ernst. *Contra* : Martou, t. III, n°
1224.

(2) Cass. belge, 20 avril 1893; S., 93, 4, 29.

la publicité; que la Cour de cassation belge n'en consacre pas moins tel quel en admettant que : « l'inscription hypothécaire rayée indûment produit ses effets
comme si l'hypothèque n'avait pas cessé d'être inscrite...
la radiation dans ce cas doit être tenue pour nulle et ne
peut produire aucun effet. »

149. — Les arguments n'ont pas manqué aux auteurs
français pour la réfutation de cette théorie, et l'on peut
s'étonner de voir la jurisprudence belge, qui sur d'autres
points se montre plutôt novatrice et utilitaire, consacrer
ici un système qui ne pourrait s'accorder qu'avec le régime hypothécaire occulte de Rome ou de l'ancien
droit.

Nous le répétons, l'opinion de Laurent constitue une
violation absolue et flagrante du principe de la publicité
hypothécaire. Observons que l'hypothèque que l'on ré-
tablit *erga omnes* a cessé, pendant un long délai, d'être
publique. Durant tout le temps qui s'est écoulé entre la
radiation et la publication du jugement qui l'a annulée,
l'hypothèque si elle a existé, a vécu sans publicité. Nous
ne disons pas seulement que les tiers pouvaient, mais
qu'ils devaient l'ignorer, les registres hypothécaires
faisant foi jusqu'à inscription de faux (1). Et si l'on
ajoute encore à cela que les partisans de l'opinion de
Laurent sont ceux-là mêmes pour lesquels le jugement
d'annulation de la radiation opère sans aucune inscription ou mention quelconque sur les registres (2), on
peut voir que le système consacré par la jurisprudence

(1) Art 1317 C. civ.
(2) C'est le principe admis par les auteurs belges et par l'arrêt
de 1893 lui-même. V. Laurent, n° 231.

belge en arrive à faire produire effet, même à l'égard des tiers, à une hypothèque dénuée de toute publicité.

150. — Il faut considérer, disait l'Avocat général devant la Cour de Bruxelles, non pas le registre du conservateur, mais le titre en vertu duquel la radiation a été opérée. Ce titre étant annulé, lui et la radiation ne peuvent engendrer aucun effet à l'égard de qui que ce soit. Voilà la question. Il s'agit précisément de savoir si la radiation opérée n'a pas pu fonder des droits acquis au profit des tiers.

La loi les autorisait à penser qu'à défaut d'inscription il n'y avait pas d'hypothèque qui leur fût opposable. Nous voulons bien que l'on considère la mainlevée; nous admettons même pour un instant la rétroactivité de l'annulation de la radiation. Cette rétroactivité n'empêche pas que les tiers, après la radiation, se sont trouvés en face d'une publicité disparue, juridiquement anéantie, et qui s'imposait à eux. Pour soutenir le contraire il faut violer les art. 2134 et 2166 du Code civil : la main-levée étant annulée rétroactivement, l'hypothèque n'a jamais cessé d'exister, il se trouve donc que les tiers qui ont fait inscrire ou transcrire leurs titres après la radiation avaient en face d'eux une hypothèque occulte, qui ne leur était pas opposable, et que par suite la règle *prior tempore potior jure* devrait suffire à les faire préférer au créancier rétabli dans son inscription.

151. — En approfondissant un peu l'arrêt de 1893 et la doctrine de Laurent, on constate que ce qui est reproché à la doctrine française c'est de consacrer une certaine indépendance de la radiation vis-à-vis de la mainlevée en faisant subsister ses effets malgré l'annulation

de celle-ci. Ainsi formulée l'objection porte, nous le reconnaissons, mais elle s'adresse au législateur et non à l'interprète. C'est une critique de législation, non de jurisprudence. Cette indépendance relative de la radiation vis-à-vis de la main-levée, où l'on peut voir en somme un premier acheminement vers la théorie du livre foncier, n'est qu'une conséquence forcée et nécessaire du principe de publicité consacré par la loi de l'an VII et par le Code civil. Puisque l'hypothèque non inscrite demeure sans effet vis-à-vis des tiers, il est impossible de faire rétroagir le rétablissement de l'inscription à l'égard de ceux dont les inscriptions ou transcriptions sont postérieures à la radiation. La rétroactivité est une fiction juridique. Elle ne peut rien changer à ce fait que l'hypothèque a été, dans l'intervalle, dénuée de toute publicité. Elle serait possible dans les rapports des parties entre elles, puisque la publicité hypothécaire est étrangère à ce point de vue ; elle est inadmissible à l'égard des tiers.

152. — Quant à l'argument d'analogie invoqué par l'Avocat général devant la Cour de cassation de Bruxelles, consistant à dire que l'inscription prise en vertu d'un titre faux ne saurait produire aucun effet et qu'il doit en être de même de la radiation opérée en vertu d'un acte nul ou faux, il ne porte pas, car à la différence de la radiation l'inscription ne saurait fonder pour les tiers aucun droit acquis. On fait transcrire ou inscrire sur la foi d'une radiation, non sur la foi d'une inscription. Différence qui s'explique par une considération que nous avons exposée : l'inscription est une mesure conservatoire, la radiation constate un acte de disposition.

153. — Au point de vue pratique il serait superflu de

s'attarder à démontrer la supériorité du système français
sur celui de la jurisprudence belge. Le premier fait prévaloir l'intérêt général sur l'intérêt d'un créancier unique dont le second n'assure le succès qu'en lui sacrifiant
les droits valablement et légalement acquis par des
tiers (1).

Deuxième système. — 154. — Ce sont toutes ces raisons et l'intérêt général qui les domine, qui ont déterminé M. Colmet de Santerre (2) à poser un principe
inverse. D'après lui, non seulement *Primus* ne sera
pas réintégré dans l'inscription rayée, mais « il n'aura
rang qu'à la date de sa deuxième inscription, » c'est-à-
dire que l'inscription rétablie ne sera opposable qu'aux
créanciers qui s'inscriront postérieurement. Elle ne le
sera ni aux tiers dont les inscriptions ou transcriptions
sont postérieures à la radiation, ni même à ceux qui ont
fait inscrire ou transcrire leurs titres entre l'inscription
de *Primus* et sa radiation. Ceux-ci comme ceux-là ont
compté sur l'effet de la radiation régulièrement opérée,
« ils ont cru avoir acquis les premiers rangs ; dans la
certitude d'être payés, ils ont pu négliger l'occasion de
presser le débiteur, d'accepter un paiement offert, peut-
être ont-ils accordé du temps…, la publicité des inscriptions intéresse tous les créanciers. » Et M. Colmet de
Santerre pouvait faire valoir les mêmes raisons en ce
qui concerne les tiers acquéreurs.

Troisième système. — 155. — La généralité, on pour-

______

(1) Il est également incontestable que la doctrine de Laurent
porte un coup direct et fatal au crédit public en rendant incertaine
et aléatoire la situation hypothécaire des tiers qui ont fait inscrire
ou transcrire sur la foi d'une radiation.

(2) *Cours analytique de Code civil*, t. IX, nº 138 *bis*, VIII, p. 324.

rait dire l'unanimité de la doctrine et de la jurisprudence françaises quoique partant du même principe, n'a pas consacré cette double application. Les auteurs et les décisions de jurisprudence sont d'accord pour distinguer : le rétablissement de l'inscription n'est pas opposable aux tiers qui ont fait inscrire ou transcrire après la radiation. Il l'est au contraire, du moins en principe, à ceux dont les inscriptions ou transcriptions se placent entre l'inscription de *Primus* et sa radiation (1).

156. — Cette distinction nous paraît en même temps donner satisfaction à l'équité et s'harmoniser parfaitement avec les principes qui gouvernent notre législation hypothécaire. Elle procède directement, en effet, du principe de la publicité des hypothèques tel qu'il est consacré par le Code. L'annulation de la radiation rétroagira entre parties, à l'égard des créanciers chirographaires et des héritiers, elle rétroagira même à l'égard des tiers qui, quoique ayant un droit réel sur l'immeuble, n'ont pas, depuis la radiation fait opérer de transcriptions ni d'inscriptions, par exemple, à l'égard d'un acquéreur qui n'a pas fait transcrire (2).

(1) Pont sur Marcadé, p. 464, n° 1107 ; Guillouard, p. 356 ; Aubry et Rau, p. 396 ; Martou, p. 281 ; Baud.-Lac. et de Loynes, p. 182 ; Boulanger et de Récy, p. 17, n° 16 ; Troplong, n° 746 *bis* ; Dalloz, *Répert*, v. n° 2737 et suiv. ; Cass., 9 décembre 1846 ; D., 47, 1, 298 ; Cass., 13 avril 1863 ; D., 63, 1, 297 ; Angers, 13 juin 1894 ; S., 97, 2, 99 ; Douai, 27 février 1878 ; S., 78, 2, 299 ; Paris, 9 juillet 1892 ; D., 93, 2, 569 ; Paris, 12 juin 1815 ; J. G., n° 2740, note ; Rouen, 10 mai 1875 ; S., 78, 2, 299 : Cass., 31 décembre 1895 ; *Pand. françaises*, 96, 1, 441 ; Cass., 4 juillet 1864 ; D., 64, 1, 359 : Cass., 26 juin 1895 ; S., 96, 1, 481 ; Cass., 28 février 1880 ; D., 81. 1, 163.

(2) Req., 21 frimaire an XIII. La même solution doit être admise

157. — Mais l'hypothèque du créancier rétabli ayant été dépouillée de sa puplicité entre la radiation et la publicité donnée au jugement d'annulation, ne peut, quels que soient les événements postérieurs, nuire aux tiers qui ont rendu leurs droits publics, conformément à la loi, pendant cet intervalle de temps. Ces tiers ont bien traité, en effet, sur la foi des registres, puisque les conservateurs ne doivent même pas faire figurer les inscriptions radiées sur les états qu'ils délivrent (1). Ce n'est donc pas par mesure d'équité que l'on doit leur donner satisfaction, c'est parce qu'ils ont le droit strict de ne pas se voir opposer une hypothèque occulte. Nous retrouvons donc ici le principe du dualisme des rapports à considérer : parties, — tiers, — qui fait le fond de notre législation hypothécaire et même foncière depuis 1855.

158. — A l'égard des tiers qui ont fait inscrire ou transcrire leurs titres entre la radiation et la publicité donnée au jugement d'annulation, la jurisprudence française, on peut le dire, n'a jamais varié. Dès 1812 la Cour de Rouen, dans une espèce voisine, invoque en leur faveur le principe de la publicité hypothécaire et sur pourvoi la Cour de cassation leur donne également raison (2). Un arrêt de la Cour de Paris rendu trois ans

sous l'empire de la loi du 23 mars 1855. L'inscription rétablie sera opposable « au tiers acquéreur qui n'a pas fait transcrire son titre d'acquisition et qui n'a pas encore payé son prix, bien qu'il ait acheté l'immeuble dans l'intervalle entre la radiation et le rétablissement de l'inscription. » V. Cass., 26 juin 1895 ; D., 96, 1, 518 ; S., 96, 1, 481.

(1) Baud.-Lac. et de Loynes, p. 757 et les renvois. *Adde* Instruction de la Régie de l'Enregistrement, n° 649.

(2) J. G. Dalloz, n° 2722.

plus tard adopte la même opinion (1). « L'erreur qui a
fait rayer une inscription hypothécaire à tort, dit plus
tard la Chambre des Requêtes, ne peut être réparée
quand cette erreur a créé des droits acquis à des tiers (2) ».
Plus près de nous, nous trouvons des décisions de jurisprudence encore plus précises et plus formelles. On
semble, à mesure que les idées nouvelles sur la publicité
foncière se généralisent et que le besoin de sûreté et de
crédit s'accroît, sentir la nécessité de formuler d'une
façon plus nette et plus catégorique le principe admis :
« Pour quelque cause qu'une inscription hypothécaire
ait été rayée, et alors même que cette radiation serait le
résultat d'un crime..., cette inscription ne peut reprendre son rang au préjudice des tiers inscrits antérieurement à son rétablissement sur les registres du conservateur (3). » « L'inscription hypothécaire radiée par
erreur, ajoute la Cour de Douai (4) et rétablie par décision de justice, reprend son effet vis-à-vis des créanciers
inscrits avant la radiation, mais l'inscription rétablie
n'est pas opposable aux créanciers inscrits après la radiation. »

Les plus récentes décisions de jurisprudence consacrent
les mêmes principes : « On ne peut contester au créancier
qui n'a donné à la radiation de son inscription qu'un
consentement vicié par le dol, le droit de la faire réta-
blir, sans pouvoir l'opposer toutefois aux tiers qui
auraient pris des inscriptions ou fait opérer des transcriptions dans l'intervalle écoulé entre la radiation et

(1) J. G. Dalloz, n° 2740.
(2) Req., 18 juillet 1838 ; S., 38, 1, 1005.
(3) Req., 9 décembre 1846 ; D., 47, 1, 289.
(4) Douai, 27 février 1878 ; S., 78, 2. 299.

son rétablissement (1)... » Un second arrêt de cassation de la même année consacre également la distinction (2). Et le principe, on le voit, est posé de la même façon pour les tiers acquéreurs et pour les créanciers.

159. — Reste maintenant à envisager de plus près la situation des tiers dont les inscriptions ou transcriptions se placent avant la radiation de l'inscription de *Primus*. La question devient ici plus délicate encore parce que le principe de la publicité hypothécaire n'entre plus directement en jeu. Nous savons comment la question se pose à l'égard de ces tiers, quoiqu'il puisse sembler à première vue qu'étant avertis de l'inscription de *Primus* quand ils ont traité et ayant dû compter avec elle, ils ne devraient pas être admis à critiquer son rétablissement. Seul dans la doctrine, M. Colmet de Santerre fait à ces tiers la même situation qu'à ceux qui ont fait inscrire ou transcrire leurs titres après la radiation. La jurisprudence se rangeant à l'avis des auteurs, les traite au contraire comme les créanciers qui s'inscriront; après la mention en marge ou la nouvelle inscription, elle déclare en d'autres termes que le rétablissement de l'inscription radiée leur est pleinement opposable. A ce principe elle admet sans doute des exceptions. Mais dans les solutions qui révèlent l'évolution de la jurisprudence nous croyons voir (en ce qui concerne les Cours d'appel tout au moins) autre chose que des tempéraments à la doctrine admise : une tendance manifeste à se rallier à l'opinion de M. Colmet de Santerre, tendance certainement intéressante pour le jurisconsulte, qu'il nous faudra mettre en relief, expliquer et apprécier.

(1) Cass., 26 juin 1895 ; S., 96, 1, 481 ; *Pand. franç.*, 96, 1, 9.
(2) Cass., 31 décembre 1895 ; *Pand. franç.*, 96, 1, 441.

160. — En principe les tiers ayant fait inscrire ou transcrire leurs titres avant la radiation sont donc primés par l'inscription rétablie. Les Cours de Douai et de Paris tranchant ainsi la question (1) font valoir contre eux cet argument qu'ils ne peuvent prétendre avoir traité sur la foi des registres leur annonçant la radiation, que par suite celle-ci n'a pu ni leur préjudicier ni les induire en erreur. La Cour de Douai dit formellement que « l'inscription radiée par erreur et rétablie par décision de justice reprend son effet vis-à-vis des créanciers inscrits avant la radiation (2). » « Le vendeur rétabli dans l'exercice de son privilège, dit la Cour de Paris (3), peut l'opposer à la masse des créanciers de la faillite de son débiteur dont l'hypothèque a été inscrite avant la radiation de son privilège. » Et l'annotateur fait remarquer que non seulement les créanciers inscrits avant la radiation ne peuvent pas invoquer la radiation postérieure puisqu'elle a été annulée, mais qu'ils ne peuvent pas se plaindre ; leur position restant ce qu'elle était au moment où ils ont publié leurs droits... « L'erreur commise ne peut pas rendre leur condition meilleure. »

161. — La Cour de cassation vient encore (4) de poser

(1) Arrêts 1812 et 1815 précités.

(2) V. dans le même sens : Rouen précité, 10 mai 1875 ; S., 77, 2, 117 : « L'inscription hypothécaire radiée, mais dont le rétablissement a été ordonné par jugement peut être opposée au tiers ayant acquis des droits sur l'immeuble avant la radiation, spécialement au tiers acquéreur de l'immeuble d'un tuteur, au cas où l'hypothèque légale du mineur, d'abord inscrite dans le délai de la loi, a été ensuite radiée du consentement du mineur émancipé, puis enfin rétablie par la justice. »

(3) 9 juillet 1892 précité et la note de M. de Loynes.

(4) 26 juin 1895 précité ; *Pand. franç.*, 96, 1, 9.

en principe « que les inscriptions rétablies peuvent être
opposées aux créanciers inscrits avant qu'elles eussent
été radiées. » C'est dans des termes absolument restric-
tifs que cet arrêt accorde aux tiers inscrits ou transcrits
après la radiation, et à eux seuls, la préférence sur le
créancier dont l'inscription est rétablie.

162. — Nous l'avons dit cependant, l'inscription rétablie peut causer à ces tiers qui ont fait opérer des inscriptions ou transcriptions avant la radiation de l'inscription rétablie, un préjudice irréparable. Il est facile
de le comprendre. Ces tiers sans doute n'ont pu compter
sur la radiation de l'inscription qui les primait, mais il
n'en est pas moins vrai que de ce jour ils ont vu leur situation transformée et ont pu raisonnablement modifier
leur attitude en conséquence. Sur la foi de la radiation
régulière que leur annonçaient les registres ils se sont
crus autorisés à certains actes juridiques dont la pensée
ne leur serait pas même venue si l'inscription de *Primus*
avait subsisté, ou au contraire ils se sont relâchés d'une
vigilance dont ils ne se seraient jamais départis sans la
radiation opérée.

En supposant ainsi que la radiation postérieure de
l'inscription de *Primus* ait entraîné ces tiers à divers actes
que son rétablissement remet en question et dont l'annulation serait susceptible d'engendrer pour eux les plus
funestes conséquences, quelle va être exactement leur
situation ?

163. — En 1836, la Cour de Grenoble (1) confirme un
jugement du Tribunal de Bourgoin ayant décidé que le

____

(1) 23 juin et sur pourvoi, Req. rej., 18 juillet 1838 ; Dall., *Répert.*,
n° 2722, p. 870.

rétablissement de l'inscription n'était pas plus opposable aux créanciers inscrits avant la radiation qu'à ceux inscrits après, et la Chambre des Requêtes adopte la même opinion en se bornant à constater que d'après l'arrêt attaqué « cette radiation avait créé des droits acquis à des tiers ».

164. — Le 22 mai 1863, la Cour de Rouen (1) consacre presque la formule de Colmet de Santerre : « ... Si le rétablissement d'une inscription hypothécaire peut être ordonné dans certains cas, elle ne peut reprendre son rang qu'à la date de son rétablissement sur les registres du conservateur;..... ce principe de non-rétroactivité doit être appliqué non seulement au profit des droits qui ne sont nés que depuis la radiation, mais encore au profit de ceux qui, créés avant la radiation, ont acquis, par l'effet même de cette radiation, un rang meilleur que celui qu'ils avaient auparavant, car dans ce dernier cas comme dans le premier la rétroactivité violerait un droit acquis... attendu qu'une distinction entre ces divers intéressés doit être repoussée par des raisons analogues à celles qui font que la péremption de l'inscription..... profite à ceux qui étaient primés par l'inscription périmée quoique c'eût été en présence de cette inscription alors subsistante qu'ils se fussent inscrits ». Il s'agissait dans l'espèce d'héritiers qui, titulaires à la fois d'une hypothèque légale et d'une hypothèque conventionnelle, et se fiant sur la radiation de l'inscription antérieure à celle-ci, avaient négligé d'inscrire la première dans le délai imparti par l'article 8 de la loi de 1855. La Cour de Rouen, reconnaissant d'ailleurs « que

(1) Dall., 64, 2, 104.

les circonstances de la cause suffiraient à justifier la rigueur du droit, si ce principe de non rétroactivité pouvait être considéré comme trop absolu en ce qui concerne les créanciers inscrits avant la radiation... », invoque à l'appui de sa doctrine un argument nouveau tiré des effets de la péremption. Et elle fait observer que dans l'espèce le rétablissement de l'inscription rayée n'a eu lieu que plus de dix ans après l'inscription première, et « qu'il serait contraire à toutes les règles..... qu'une inscription hypothécaire frappée de déchéance absolue et irrémédiable pût cependant échapper à cette rigueur et revivre après le délai fatal à l'aide d'une voie indirecte..... » La Cour de cassation (1) a adopté la même solution, mais — cette remarque est essentielle — pour des raisons différentes, et sans consacrer en aucune façon les mêmes principes : une seule considération l'a déterminée, le fait que les créanciers inscrits avant la radiation s'étaient abstenus, sur la foi de celle-ci, de faire inscrire leur hypothèque légale — qui leur eût assuré le succès — conformément à l'art. 8 de la loi de 1855. Le Conseiller rapporteur considère la doctrine de l'arrêt (2) comme « trop absolue et partant inexacte ». Il déclare lui préférer la distinction généralement admise. Il fait justice de l'argument tiré de la péremption en faisant observer « qu'il ne porte pas, parce que, en laissant même de côté le calcul opéré par les juges du Havre (3), l'inscription prise en vertu d'un jugement d'annulation de radiation n'est ni une nouvelle inscription ni une ins-

(1) 4 juillet 1864 ; D., 64, 1, 359.
(2) Et celle de M. Colmet de Santerre.
(3) Argument tiré des faits.

cription prise en renouvellement de la première, mais la première qui réapparaît et revit sur les registres ».

165. — En ce qui concerne spécialement les tiers acquéreurs, plusieurs arrêts font intervenir ici l'article 2198 C. civ. Quel rôle exact ce texte doit-il jouer dans la controverse?

Il suppose qu'un acquéreur, après transcription de son titre, se fait délivrer par le conservateur un certificat d'hypothèques, et il décide que les inscriptions omises sur ce certificat par le conservateur ne pourront lui nuire; les créanciers omis conservant d'ailleurs leur droit de préférence jusqu'au paiement intégral du prix (1).

C'est à dessein que nous nous sommes abstenus jusqu'ici de faire intervenir ce texte dans la discussion. L'article 2198 est, on peut le dire, une solution d'espèce, dérivant du principe que l'acquéreur non obligé à la dette est toujours le maître d'affranchir sa propriété en recourant à la purge et qui, de l'avis de tous les auteurs, et d'après les termes mêmes de la loi suppose la réunion de plusieurs conditions.

166. — A notre avis, l'art. 2198 doit rester en dehors de la controverse, et cela pour deux raisons: il est facile de montrer en premier lieu que l'hypothèse qu'il prévoit est susceptible de rentrer soit dans l'une, soit dans l'autre de nos deux séries d'applications, ce qui semble bien prouver qu'il doit rester en dehors de la discussion.

L'acquéreur en droit d'invoquer l'art. 2198 pourra en effet suivant les cas, être un tiers ayant faire transcrire

(1) On sait que, dans l'état actuel de notre législation, l'art. 2198 constitue l'un des principaux cas de survie du droit de préférence au droit de suite.

soit avant, soit après la radiation de l'inscription rétablie, rien n'empêchant que cette radiation ait été opérée
entre la transcription du titre de l'acquéreur et la réquisition par lui (1) du certificat visé au texte.

167. — De plus, et surtout, l'art. 2198 n'a nullement
en vue l'hypothèse d'une radiation effectuée. Il suppose
tout simplement l'omission par le conservateur, sur le
certificat qu'il délivre, d'une inscription encore subsistante.

168. — Seulement — et c'est à notre avis ce qui explique l'intervention ici, dans plusieurs arrêts, de l'art. 2198
— il faut reconnaître que ce texte se rattache à un ordre
d'idées très voisin de la difficulté qui nous occupe. Joint
aux articles 1317 et 2196 C. civ. il tend à démontrer que
les tiers peuvent sans crainte se fier au contenu des registres hypothécaires ; que les paiements et tous actes qu'ils
accomplissent sur la foi de la connaissance qu'ils ont du
contenu de ces registres ne pourront être critiqués plus
tard. Il consacre en d'autres termes d'une façon formelle,
quoique implicite, cette sorte d'indépendance limitée et
relative entre les actes juridiques et la publicité qui leur
est donnée conformément à la loi, que nous avons si-
gnalée et qui n'est, à notre avis, qu'une conséquence du
principe de la publicité hypothécaire.

169. — Tout en critiquant avec M. de Loynes (2) l'intervention dans la controverse de l'art. 2198, nous nous
expliquons ainsi que la Cour d'Angers ait fait reposer

---

(1) Et la délivrance par le conservateur... pour parler plus exactement étant donné le délai qui s'écoule en pratique entre la réquisition et la délivrance des états hypothécaires.

(2) Note dans Dalloz, 97, 2, 89.

sur lui la solution d'un arrêt intéressant de 1894 (1).
« L'extinction de l'hypothèque, dit la Cour d'Angers,
étant valablement constatée au regard des tiers par les
registres des conservateurs et les extraits qu'ils en délivrent, l'inscription rayée en vertu d'un acte ultérieurement déclaré faux ne peut ensuite être rétablie au préjudice des droits légalement acquis soit à d'autres
créanciers, soit au tiers acquéreur de l'immeuble qui a
fait transcrire son titre d'acquisition et payé son prix. Il
importe peu que l'acquéreur ait connu l'existence de
l'hypothèque, et que la transcription de son contrat de
vente et le paiement du prix aient précédé la radiation
de l'inscription, le certificat de radiation à lui ultérieurement délivré impliquant nécessairement à ses yeux
'extinction de l'hypothèque elle-même. »

170. — C'est, on le voit, la consécration formelle de
'opinion de M. Colmet de Santerre. C'est même peut-
être plus encore, puisque l'arrêt constate que l'acquéreur qui, faisant transcrire, avant la radiation, pouvait
connaître l'inscription, était en fait démontré l'avoir réellement connue.

L'espèce de l'arrêt d'Angers était sensiblement analogue à celle de l'arrêt de cassation belge sur lequel
nous nous sommes expliqué, et il est curieux de remarquer à cet égard l'opposition des deux solutions : dans les
deux cas il s'agissait d'une main-levée fausse et postérieurement annulée, et les deux arrêts consacrent des
solutions absolument opposées : d'après l'un l'inscription rétablie est opposable même aux créanciers et acquéreurs inscrits ou transcrits après la radiation ; d'après

(1) Angers, 13 juin 1894 ; S., 97, 2, 99 ; D., 97, 2, 89.

l'autre elle ne l'est pas même aux tiers dont les inscriptions ou transcriptions sont antérieures à la radiation annulée. Ce qu'il faut remarquer dans l'arrêt d'Angers, c'est que non seulement il était impossible d'invoquer un droit acquis en faveur du tiers acquéreur, puisque sa transcription était antérieure à la radiation, mais qu'il ne pouvait pas même se prévaloir du tempérament admis par la jurisprudence et les auteurs en faveur de ceux qui, tout en ayant traité avant la radiation ont, sur la foi de celle-ci effectué un paiement ou négligé de prendre une mesure conservatoire, puisqu'il était démontré avoir eu parfaitement connaissance de l'inscription. On peut donc trouver bizarre qu'après avoir reconnu qu'il la connaissait lors de son acquisition et lors du paiement du prix, la Cour n'en persiste pas moins à l'appeler « acquéreur de bonne foi ». La Cour d'Angers a sans doute considéré qu'en toute matière où la publicité est prescrite, elle est obligatoire et elle s'impose ; qu'elle ne peut être suppléée ni par la connaissance que les intéressés ont pu acquérir des actes juridiques dont il s'agit en dehors des formalités prévues et prescrites par la loi, ni par l'accomplissement de formalités quelconques autres que celles-ci (1).

171. — Dans l'espèce de 1894, l'art. 2198 était hors de cause. Sauf l'hypothèse qu'il prévoit, les certificats du conservateur ne peuvent compromettre les droits des créanciers. Or il ne s'agissait pas d'une inscription existante et omise par le conservateur, mais d'une inscription radiée.

(1) En matière de droits personnels (C. civ., art. 1690, 2074, 2075 et loi du 1er mars 1898, article unique) comme en matière de droits réels (art. 2134 ; loi du 23 mars 1855).

172. — Quant à l'art. 2196, que la Cour invoquait également, il ne s'occupe pas de la force probante des registres. Enfin l'art. 2197 prouve la fausseté de la doctrine consacrée par l'arrêt. Si elle était vraie, le conservateur serait responsable envers le créancier dont l'inscription omise serait dénuée d'effet; or il ne l'est en principe qu'envers le requérant (1) puisqu'il ne l'est pas quand l'erreur a été causée par le défaut de désignations suffisantes. Ces arguments pourraient être reproduits contre toutes les décisions rendues en faveur des tiers inscrits ou transcrits avant la radiation. Nous n'en retiendrons qu'un de tous ceux que l'annotateur met en relief : dans l'espèce l'acquéreur n'avait rien payé, rien fait, rien négligé sur la foi de la radiation; bien plus, il avait connu en fait l'existence de l'inscription, et en payant son prix sans en tenir compte il s'était sciemment exposé à le payer deux fois.

173. — La Cour d'Angers avait d'ailleurs des précédents sur la question dans sa propre jurisprudence. En 1854 (2) elle avait déjà décidé que « l'acquéreur qui, sur le vu d'un certificat du conservateur constatant la radiation des inscriptions grevant l'immeuble par lui acquis, a payé son prix dans les mains des créanciers chirographaires du vendeur, est valablement libéré, quelle que soit d'ailleurs l'irrégularité de la radiation opérée. »

174. — Si l'hypothèse n'était pas sans rapport avec celle de l'arrêt de 1894, elle en était cependant bien dif-

(1) Qui sera le plus souvent lésé, mais il l'est également envers les tiers auxquels sa faute ou sa négligence a pu porter préjudice (art. 1382-3).

(2) Angers, 30 mars 1854 ; S., 55, 2, 418 ; Dalloz, *Répert.*, Suppl., n° 1687.

férente, à ce point que, critiquant et désavouant au nom des principes la solution de 1894, nous nous rallions pleinement à celle donnée par l'arrêt de 1854. Celui-ci donne raison à un acquéreur qui, s'il a traité connaissant l'inscription, a sur la foi de la radiation postérieure payé son prix aux créanciers chirographaires du vendeur. Non seulement il en avait le droit, mais il ne pouvait faire autrement sur leur poursuite, étant donné l'absence d'inscriptions à ce moment. L'arrêt de 1854 donne donc satisfaction et aux principes et à l'équité ; celui de 1894 contredit les textes et offre sans raison une prime à la mauvaise foi.

175. — Il faut maintenant dégager des décisions de jurisprudence le principe général en ce qui concerne les tiers ayant fait inscrire ou transcrire leurs titres avant la radiation plus tard annulée. Le rétablissement de l'inscription leur est en principe opposable, c'est-à-dire que le créancier rétabli dans son inscription les primera sur le prix de l'immeuble hypothéqué. Il n'en sera autrement que si ces tiers ont cru devoir, sur la foi de la radiation opérée postérieurement, prendre une attitude qui leur était dictée par les circonstances et la situation nouvelle, et que le rétablissement de l'inscription radiée — s'il leur était opposable — condamnerait formellement ; par exemple s'ils ont prêté et pris inscription, acheté et fait transcrire (1), s'ils se sont abstenus d'une mesure conservatoire qui les eût complètement sauvegardés et qu'ils pouvaient croire inutile (2) ou s'ils ont effectué un paiement entre les mains du

(1) Grenoble, 1836 et sur pourvoi, Req., 38 précités.
(2) Rouen, 64 précité.

vendeur lui-même ou des créanciers chirographaires de celui-ci (1)... etc.

176. — Alors seulement il est vrai de dire que la radiation a engendré à leur profit des droits acquis, et il est juste de leur faire la même situation qu'à ceux dont les inscriptions ou transcriptions sont postérieures à la radiation. Voilà la part faite à l'opinion de Colmet de Santerre. Maintenant quelques arrêts, allant beaucoup plus loin (2), faisant pour ainsi dire abstraction de la question de bonne foi du tiers, et considérant exclusivement la modification postérieurement apportée au registre, semblent vouloir lui donner raison dans tous les cas. Ils argumentent par voie d'analogie de l'art. 2198 qui régit une hypothèse différente quoique voisine. Nous le répétons, les solutions exceptionnelles de ces arrêts n'ont point été exemptes de l'influence des idées nouvelles qui se répandent et se généralisent de plus en plus sur la publicité foncière : elles s'en inspirent directement.

177. — Il faut noter d'ailleurs que la Cour de cassation n'a jamais — à notre connaissance tout au moins — donné à ces divergences la sanction de son autorité ; qu'elle a fait au contraire les plus expresses réserves quant au soi-disant principe posé par certaines Cours d'appel (3), et que la règle pour elle c'est que le créancier rétabli doit être préféré aux tiers inscrits ou transcrits avant la radiation (4). Si l'on joint à cela que ces ar-

(1) Angers, 1854 précité.
(2) Rouen, 1863; Angers, 1894.
(3) V. le rapport précité dans l'arrêt de cass., 1864.
(4) Tous les auteurs français et même M. Martou sont d'accord sur ce point. Mais il n'en est plus de même pour le tempérament

rêts et notamment l'arrêt d'Angers de 1894 ont été l'objet des critiques les plus sévères, et nous ajouterons les plus fondées, on peut en faire abstraction dans l'exposé de la jurisprudence, et dire que pour elle les tiers inscrits ou transcrits avant la radiation ne sont que dans des cas absolument exceptionnels préférés au créancier rétabli dans son inscription, alors qu'au contraire ceux dont les inscriptions ou transcriptions sont postérieures à la radiation lui sont préférés dans tous les cas.

178. — Cette distinction fondamentale de la doctrine et de la jurisprudence françaises prête-t-elle à des objections sérieuses ? Non, à notre avis, et celles soulevées par Laurent ne résistent pas à un examen tant soit peu approfondi de la question. C'est la meilleure interprétation que l'on pouvait donner sur ce point, à défaut de textes formels et en présence des art. 1317, 2196 et 2198 combinés, des principes qui gouvernent notre législation hypothécaire ; et il faut savoir gré à la jurisprudence et aux auteurs d'avoir su concilier de cette façon l'intérêt des tiers, c'est-à-dire l'intérêt général, et les principes. Non seulement la radiation, sur la foi de laquelle les tiers ont traité a certainement engendré pour eux des droits acquis — et ceux-ci, quand ils l'ont été conformément à la loi, doivent toujours être maintenus et sauvegardés — mais ce serait détruire en ce qui les concerne le principe supérieur et fondamental

admis par la jurisprudence en ce qui concerne les tiers. V. dans notre sens : Baud.-Lac. et de Loynes, p. 185 et les auteurs qu'ils citent. *Adde* Guillouard, p. 357 ; Aubry et Rau, p. 397. *Contra* : Boulanger et de Récy, p. 17 ; Troplong, n° 746 *bis* ; Pont sur Marcadé, p. 464 ; Martou, p. 281.

de la publicité, que de faire revivre contre eux une hypothèque qui, au moment où ils ont fait inscrire ou transcrire leurs titres, était à leur égard dépourvue de de toute efficacité juridique.

179. — Quant au tempérament admis par quelques auteurs et la jurisprudence pour les tiers inscrits ou transcrits avant la radiation, — mais que la majorité de la doctrine repousse, il nous paraît également devoir être adopté sans restriction. Le fait que la radiation est postérieure à leur inscription ou transcription n'empêche pas qu'elle puisse engendrer pour eux aussi des droits acquis ; car en définitive ils doivent la même foi aux registres qui leur annoncent le même fait, et la seule différence à signaler c'est que pour eux il n'y a pas de principe général à poser, mais des circonstances de fait à apprécier, parce qu'il faudra toujours, pour qu'ils puissent prétendre à l'irrévocabilité de la radiation, qu'un fait postérieur à celle-ci se soit produit, qui prouve que la situation qu'ils se sont faite sur la foi des registres hypothécaires, serait irrémédiablement compromise si l'inscription rétablie leur était opposable.

180. — Voilà précisément le fondement de l'objection de M. Colmet de Santerre. Il voudrait que l'on posât pour ces tiers le même principe que pour ceux inscrits ou transcrits après la radiation, et qu'abstraction faite de toutes circonstances postérieures on les préférât, eux aussi, dans tous les cas, au créancier rétabli dans son inscription. Le système de cet auteur diffère donc, en réalité, beaucoup moins de celui de la jurisprudence qu'il ne semble au premier abord. Il voudrait seulement ériger en principe une solution que celle-ci fait dépendre de l'appréciation des circonstances de la cause.

Alors même qu'aucun fait postérieur ne viendra révéler d'une façon formelle qu'ils aient, sur la foi de la radiation modifié leur situation antérieure et risqué de compromettre à jamais leurs intérêts, alors même « ils peuvent, d'après M. Colmet de Santerre, avoir été trompés par cette radiation ; ils ont cru avoir acquis les premiers rangs, et dans la certitude d'être payés ils ont pu négliger l'occasion de presser le débiteur, d'accepter un paiement offert, peut-être ont-ils accordé du temps... La publicité des inscriptions intéresse tous les créanciers; si donc on conclut du principe de la publicité que les inscriptions rayées en vertu de jugements ne peuvent pas être restaurées quand les jugements sont cassés, il faut accepter ce raisonnement par rapport à tous les créanciers (1). »

181. — L'objection certes n'est pas sans valeur, et nous ne dissimulerons point qu'en théorie nous ne ferions aucune difficulté pour nous rallier à l'opinion de M. Colmet de Santerre. Au surplus, il faut bien reconnaître que le tempérament admis par la jurisprudence ouvrait la porte à cette doctrine et à la suppression de toute distinction entre les tiers intéressés.

Mais dans l'état actuel de la législation il nous semble impossible d'y adhérer complètement. Si le principe que les registres hypothécaires ne font pas foi par eux-mêmes de leur contenu, qu'ils ne valent que ce que valent les titres livrés par eux à la publicité, ne fait pas obstacle à ce que l'on déclare l'inscription rétablie non opposable aux tiers inscrits ou transcrits après la radiation, c'est uniquement en vertu du respect dû aux droits légitimement acquis.

(1) *Loc. cit.*, v. n° 154.

182. — L'objection de Colmet de Santerre porte cependant en ce que, dans bien des cas, le tempérament de la jurisprudence sera insuffisant à protéger les tiers dont les inscriptions ou transcriptions sont antérieures à la radiation annulée. Ils pourront, eux aussi, avoir à la radiation postérieure des droits acquis qu'aucun fait matériel, positif ou négatif, ne viendra révéler. Sans avoir sur la foi de cette radiation effectué un paiement, sans s'être abstenus d'une mesure conservatoire, ils auront pu accorder du temps au débiteur, refuser un paiement offert, temporiser..., bref, avoir une attitude que la situation actuelle autorisait, mais dont ils n'auraient jamais eu l'idée sans la radiation opérée.

183. — Pour ces raisons, nous opinerions volontiers vers un système mixte, qui, sans aller jusqu'à la formule générale et exclusive de toute distinction de Colmet de Santerre, se bornerait à élargir le tempérament admis par la jurisprudence. Toutes les fois que le tiers inscrit ou transcrit avant la radiation justifierait avoir réglé sa conduite sur la situation nouvelle que celle-ci lui créait, il serait préféré au créancier rétabli. Il y aurait là une question de fait dont l'appréciation des circonstances de la cause faciliterait singulièrement la solution, et nous ne verrions aucun inconvénient à ce que, en vertu du principe même de la publicité hypothécaire on se montrât assez facile et assez large pour l'admission de la preuve toutes les fois que les faits rendraient vraisemblable la prétention du tiers intéressé.

Mais nous n'irions jamais jusqu'à admettre avec la Cour d'Angers que le rétablissement de l'inscription ne peut être opposé au tiers qui a fait transcrire avant la radiation quand sa situation postérieure n'a reçu aucune modification.

184. — Reste une dernière objection (1) : En laissant de côté le tempérament admis par la jurisprudence et sur lequel nous venons de nous expliquer, le principe adopté engendre la conséquence suivante : *Primus*, créancier dont l'inscription est rétablie se voit préférer des créanciers qui lui sont inférieurs (ceux inscrits après la radiation); et ceux-ci priment des créanciers ayant un rang préférable au leur (ceux inscrits avant la radiation). Non seulement, semble-t-il, un créancier préférable se voit primé par des créanciers postérieurs en rang, mais parmi ceux-ci eux-mêmes les derniers inscrits sont les mieux traités, ils passent les premiers. *Secundus*, inscrit avant la radiation de *Primus*, est préférable à *Tertius* inscrit après; et, toujours d'après la règle *prior tempore potior jure* et l'art. 2134 du Code civil, *Primus* leur est préférable à tous les deux. Néanmoins *Tertius* passera avant *Primus*, et *Secundus*, quoiqu'il ne prime pas ce dernier, viendra immédiatement après *Tertius*; ayant le droit d'être traité comme s'il n'était précédé que par l'inscription de *Primus* dont *Tertius* a absorbé la collocation.

En résumé donc l'ordre des inscriptions paraît renversé : au lieu de colloquer les créanciers dans l'ordre de leurs inscriptions : 1us, 2us, 3us, on les colloque suivant un ordre inverse : 3us, 2us, 1us.

185. — Ce classement en apparence bizarre et anormal des créanciers semble constituer une violation fla-

(1) V. de Loynes ; note sous Paris 1892 précité, Baud.-Lac. et de Loynes, p. 185 ; Note anonyme dans Dall., 64, 2, 104 sous un arrêt précité.

grante et manifeste de la règle *prior tempore potior jure*
et de l'art. 2134. Rien de plus facile que de démontrer
qu'il n'en est, au contraire, qu'une application. Il découle
directement du principe admis par tous, suivant lequel
Tertius ne peut se voir opposer l'inscription de *Primus*
qui était rayée quand lui-même s'est inscrit, et qui est
au contraire opposable à *Secundus*.

186. — *Secundus* ne peut pas prétendre être colloqué avant *Tertius*, du moins en tant que la créance de
celui-ci n'excède pas le montant de celle de *Primus*,
puisque l'inscription de celui-ci lui est personnellement
opposable tandis qu'elle n'est pas opposable à *Tertius*. *Tertius* prendra donc le montant intégral de la
collocation de *Primus*, *Secundus* sera colloqué immédiatement après, ayant droit à la situation qui lui serait
faite s'il n'était précédé que par l'inscription de *Primus*
et *Tertius* ayant absorbé la collocation de celui-ci. Ainsi
le prix à distribuer étant de 25.000 et chacune des trois
créances hypothécaires de 10.000, *Tertius* sera colloqué
pour 10.000 comme l'aurait été *Primus* sans la radiation
opérée, *Secundus* pour 10.000 également, et *Primus* pour
les 5.000 restant.

187. — Supposons au contraire que, les autres éléments de l'hypothèse restant les mêmes, la créance de
Primus ne soit que de 5.000 et le prix à distribuer de
20.000 seulement (1). *Tertius* sera certainement colloqué
en premier lieu pour 5.000 et *Secundus* pour l'intégralité de sa créance. Mais à qui va-t-on attribuer les 5.000
restant? à *Primus*, ou à *Tertius* pour la seconde moitié

(1) MM. Baud.-Lac. et de Loynes ne s'expliquent pas sur cette
difficulté.

de sa créance ? Nous répondons : à *Tertius*. Sans doute il ne peut prétendre, prendre deux fois le montant de la collocation de *Primus*, mais, si l'on n'admet pas notre solution, on fait en définitive à *Tertius* la même situation que si, — l'inscription de *Primus* lui étant déclarée opposable, — on colloquait les créanciers suivant l'ordre des dates de leurs inscriptions. Dans cette hypothèse en effet, *Primus toucherait* 5.000, *Secundus* 10.000 et *Tertius* 5.000. Le droit de ce dernier n'est pas seulement, comme semblent le dire MM. Baudry-Lacantinerie et de Loynes, de prendre le montant de la collocation de *Primus*, mais de ne pas se voir opposer son inscription. Il a droit à la même situation que si *Primus* n'avait jamais été inscrit; or dans ce cas bien évidemment, il n'aurait qu'à partager le prix avec *Secundus*. En résumé *Tertius* et *Secundus* toucheront l'intégralité de leurs créances, *Primus* ne sera pas colloqué en ordre utile.

188. — Mais si dans la même hypothèse, nous supposons que le prix n'atteigne que 15.000, alors, *Secundus* étant toujours entièrement désintéressé, *Tertius* ne pourra être utilement colloqué pour la deuxième moitié de sa créance. Il ne peut se plaindre ni de l'inscription de *Primus* puisqu'elle ne lui nuit pas, ni de celle de *Secundus*, qui est préférable à la sienne.

189. — En réfléchissant un peu, on n'a aucune peine à se convaincre que ces différents classements des créanciers hypothécaires ne sont que l'application des principes que nous avons posés. *Tertius* prend nécessairement la place de *Primus*, puisque l'inscription de celui-ci ne peut nuire qu'à *Secundus*. Vis-à-vis de *Primus*, *Tertius* est mieux traité que *Secundus*, quoique celui-ci lui soit préférable d'après le rang de leurs inscriptions? Sans

doute, mais il est indifférent à *Secundus* que la collocation de *Primus* soit attribuée à *Primus* ou à *Tertius*.
L'essentiel pour lui c'est de venir immédiatement
après.

190. — M. de Loynes (1) fait justement observer que
ce résultat n'est pas autre que celui produit par une cession d'antériorité ou une promesse d'abstention.

D'un effet plus restreint que la cession de priorité —
qui est une transmission du rang hypothécaire, — la
promesse d'abstention a seulement pour résultat d'obli-
ger celui dont elle émane à ne pas produire, si sa collocation doit nuire au bénéficiaire.

En s'inscrivant à nouveau ou en faisant mentionner le
jugement d'annulation à côté de la mention de radiation,
le créancier rétabli est censé avoir consenti l'une ou
l'autre de ces renonciations, et cette présomption dérive
de la non-publicité de l'hypothèque de *Primus* au moment ou *Tertius* s'est inscrit. L'analogie semble toutefois
plus frappante entre la situation qui nous occupe et celle
que fait naître la cession d'antériorité, puisque nous
avons ici une véritable interversion de rang.

191. — Loin d'être une exception au principe que les
hypothèques n'ont de rang que par l'inscription, cette
interversion, bizarre et anormale en apparence, n'en est
à proprement parler qu'une conséquence. L'hypothèque
dont l'inscription a été rétablie ne peut avoir un rang
préférable à celui de l'hypothèque inscrite après sa radiation. En effet, au moment où la deuxième a été rendue publique, la première n'était pas inscrite, puisque la
radiation est l'anéantissement juridique de l'inscription;

(1) Note précitée dans Dalloz.

par conséquent elle n'avait pas de rang par rapport au second créancier et elle ne peut en acquérir un à son détriment par l'effet de l'annulation postérieure de la radiation dont elle a été l'objet (1).

192. — Ainsi donc, dans l'état actuel de la législation et pour nous résumer, nous nous rallions à la théorie adoptée par la Cour de cassation, tout en nous déclarant partisan d'une certaine extension du tempérament qu'elle admet en ce qui concerne les tiers dont les inscriptions ou transcriptions sont antérieures à la radiation annulée. Il y a d'ailleurs tout lieu de croire que nos vœux sur ce point recevront satisfaction. La Cour suprême sera progressivement amenée à élargir ce tempérament que les textes et l'équité commandent vis-à-vis de ces tiers, quand, — tout soupçon de fraude étant écarté, — ils auront agi ou se seront abstenus conformément à la situation nouvelle qui leur était faite par la radiation postérieure, et sur la foi de celle-ci.

193. — En résumé, le système qui rallie les suffrages de la doctrine, et que la jurisprudence française a adopté, met d'accord l'équité, les textes et les principes. Observons cependant qu'il est loin d'être en harmonie avec la théorie généralement admise sur la nature et les effets de la main-levée. Le principe que les conséquences juridiques de celle-ci se produisent indépendamment de

(1) L'objection que nous venons d'examiner semble pourtant avoir déterminé les premiers juges dans l'affaire David. V. Grenoble, 1836 et Cass., 1838 précités. Ils semblent avoir considéré que si la radiation ne pouvait être réparée à l'égard des créanciers inscrits postérieurement, elle ne pouvait l'être à l'égard de ceux inscrits avant parce que ceux-là ne pouvaient être payés au préjudice de ceux-ci, qui les primaient par la date de leurs inscriptions.

la radiation est en effet en opposition avec celui qu'une main-levée nulle ou même fausse peut engendrer des résultats définitifs à l'égard des tiers, si elle a été suivie de radiation. En d'autres termes (l'objection est plus facile à concevoir qu'à exprimer), pour déterminer les effets de la main-levée, la jurisprudence fait abstraction de la radiation. S'agit-il au contraire de déterminer ceux de de la radiation ? Au moins dans une certaine hypothèse, on élimine la main-levée. La radiation, considérée dans un cas, sinon comme superflue, du moins comme dépourvue par elle-même d'effets juridiques, étant donné la main-levée consentie, est regardée ailleurs comme un fait juridique susceptible d'avoir par lui-même ses conséquences propres et distinctes, malgré la nullité, prononcée par justice, de la main-levée.

194. — Évidemment, il y a là une contradiction. De deux chose l'une : — Ou la radiation est un acte juridique ayant sa nature propre, acte d'exécution et de publicité il est vrai, mais pouvant par là même communiquer à la main-levée une force qu'elle n'a pas, en lui faisant produire des effets que, seule, elle serait impuissante à engendrer ; — et alors il faut reconnaître que la main-levée par elle seule ne peut pas produire les mêmes effets que la main-levée suivie de radiation. Ou bien la radiation n'est véritablement qu'une opération matérielle et de pure forme, et pour être logique, c'est toujours la main-levée qu'il faudra prendre en considération ; la radiation intervenant postérieurement ne devra pouvoir en aucune hypothèse lui communiquer, fût-ce même à l'égard de certains tiers seulement, une efficacité juridique que l'événement démontre qu'elle n'a pu avoir, étant plus tard annulée, infirmée, ou déclarée fausse.

195. — Rien de plus facile au contraire que de concilier la théorie que nous avons proposée sur les effets de la main-levée avec le principe que son annulation postérieure, après radiation opérée, ne peut nuire aux tiers qui ont fait inscrire ou transcrire leurs titres postérieurement à la radiation. Ce n'est pas la main-levée, c'est la radiation d'où sont résultées des conséquences juridiques susceptibles de profiter aux tiers. La main-levée peut bien être annulée rétroactivement, mais non la radiation, seule connue des tiers, qui subsiste dans le passé et dont ils peuvent se prévaloir. Il restera toujours vrai que l'hypothèque radiée est demeurée occulte pendant un certain intervalle de temps, et que les tiers qui ont fait inscrire ou transcrire leurs titres pendant cet intervalle ne peuvent s'en voir opposer le rétablissement.

CONCLUSION

196. — On peut maintenant se rendre compte que notre étude n'est pas autre chose qu'une contribution à la critique de notre législation hypothécaire et qu'elle ne peut se terminer que par des vœux de réforme. Vœux platoniques sans doute, comme tant d'autres, puisqu'il nous faut, paraît-il, renoncer quant à présent à l'espoir de leur réalisation.

La réforme hypothécaire est en effet — à notre avis — inséparable de la refonte totale de la législation foncière. Pour être véritablement efficace et salutaire elle ne saurait être effectuée que parallèlement, en quelque sorte comme une dépendance de celle-ci (1). A cette condition seulement elle acquerra un caractère véritablement définitif et permanent. Sinon tout ne sera que provisoire.

Mais on sait quels seraient les frais d'une œuvre de proportions aussi gigantesques, nécessitant en premier lieu la réfection totale du cadastre. On sait ce qu'elle exigerait de travail, de soins et aussi de temps. Elle suffirait sans doute, sinon à populariser le Gouvernement

(1) La loi de 1855 a suffisamment démontré la vérité de cette observation.

qui en doterait le pays, du moins à le rendre sympathique à tous ceux que n'anime aucun esprit de parti, et à lui marquer une place dans l'histoire. Mais elle exigerait avant tout la stabilité, la méthode, l'esprit de travail, de suite et d'économie de la part des gouvernants et des législateurs; l'union de tous pour un effort commun, l'absence, au moins pour un temps, de préoccupations politiques et l'oubli des dissensions intestines. L'énumération de ces conditions non pas seulement utiles, mais indispensables, permet au moins de se demander si le régime actuel pourrait prétendre mener l'œuvre à bonne fin. Ce serait sortir de notre rôle que de répondre à la question. Il nous suffit de la poser.

Pratiquement, il faut donc se borner à des désidérata provisoires, à l'espoir de réformes partielles remédiant, autant que possible, aux inconvénients de la législation qui nous régit.

197. — Les questions qui nous occupent échappèrent presque complètement aux investigations des Corps consultés au cours de l'enquête extra-parlementaire de 1841 (1). La main-levée et la radiation des hypothèques firent seulement l'objet de trois observations.

La Cour d'Angers demanda qu'un texte consacrât formellement la validité de la main-levée rédigée en brevet.

La Faculté de Caen — d'ailleurs d'un avis contraire sur ce point — présenta sur l'article 2157 deux observations. Elle demanda que les conservateurs fussent complètement déchargés du soin de vérifier les titres, qualités

____

(1) Circulaire du garde des Sceaux Martin du Nord. V. Documents publiés par ordre du Gouvernement, t. III.

et capacité des parties consentant la radiation, ainsi que
de la responsabilité qui leur incombe de ce chef. De
même, disait-on, le directeur de la dette inscrite n'a jamais
à vérifier le droit et la capacité de la partie qui transfert
une rente sur l'État. Cette tâche et cette responsabilité
fussent passées au notaire rédacteur de la main-levée.

Cette observation fut trouvée justifiée par la commission de 1851, et un texte du projet de réforme donnait
satisfaction au vœu formulé par la Faculté de Caen :
« ... Quant aux radiations faites en vertu d'actes con-
sentis par des parties n'ayant pas capacité à cet effet, la
responsabilité en demeure tout entière aux officiers
publics qui les ont reçues... » (1) (2).

198. — La même Faculté demandait que les jugements
ordonnant une main-levée d'inscription, une rectifica-
tion ou une réduction fussent signifiés au domicile élu
dans l'inscription. En cas de défaut, faute de comparaître,
le jugement aurait été publié par voie d'annonce judiciaire dans les journaux,

199. — Sur l'article 2159, la Faculté de droit de Caen
proposait d'attribuer compétence au tribunal saisi de
l'action principale, au cas de demande incidente en radiation et en vertu de l'axiome : *accessorium sequitur*

(1) Le projet de réforme laissait subsister l'état de choses actuel
pour les radiations opérées en vertu de décisions judiciaires.

(2) La loi belge du 16 décembre 1851 n'a pas admis cette innovation. V. Martou, p. 245 ; Laurent, p. 551. Mais la Commission
du Gouvernement chargée de préparer la réforme hypothécaire
nous semble avoir nié l'évidence des faits et ne s'être pas rendu
compte des exigences de la pratique quand elle a dit pour motiver
son opinion : « que le rôle des notaires se borne à authentiquer les
conventions... » On sait si là se bornent en pratique leurs attributions, et s'il serait même possible qu'il en fût autrement.

principale (1). Dans ce cas seulement les significations auraient dû être faites au domicile réel de la partie condamnée.

Enfin elle démontrait la nécessité d'un texte accordant à toutes les personnes intéressées au maintien d'une inscription le droit de s'opposer à sa radiation. Cette opposition eût été faite par exploit signifié au conservateur avec constitution d'avoué.

200. — La première observation de la Faculté de Caen avait donc seule directement trait à la question qui nous occupe. Sur ce point d'ailleurs, et suivant l'exemple des commissaires de 1851 nous nous rallions complètement à son avis (2). Ce n'est point le rôle du conservateur d'enquêter sur la capacité ou la qualité des parties qui ont recours à ses services : c'est celui du notaire, qui rédige l'acte, et que ses fonctions mettent d'ailleurs bien mieux à même de se renseigner à ce sujet.

201. — Aux observations de la Faculté de Caen nous en ajouterons une autre que l'examen de doctrine et de jurisprudence auquel nous nous sommes livré justifie

---

(1) C'est, on le sait, une question controversée que de savoir si la disposition de l'art. 2159, al. 1, doit être généralisée. V. Baud.-Lac. et de Loynes, p. 162 et les auteurs qu'ils citent pour l'affirmative. *Adde* dans le même sens : Guillouard, p. 341 ; Angers, 15 mai 1879 ; S., 79, 2, 296. *Contra* : Baud.-Lac. et de Loynes, *loc. cit.* ; Colmet de Santerre, IX, n. 139 *bis* ; Caen, 19 février 1866 ; S., 66, 2, 253. L'art. 94 de la loi belge du 16 décembre 1851 consacre la solution proposée par la Faculté de Caen et admise par la majorité de la doctrine française. De là suit qu'un tribunal de commerce en prononçant la nullité d'une obligation commerciale peut et doit même ordonner la radiation de l'inscription prise pour sûreté de la dette.

(2) *Sic* Boulanger et de Récy, p. 34.

suffisamment. Nous demandons qu'un texte vienne consacrer l'inefficacité, à l'égard des tiers, de la main-levée non suivie de radiation, — qu'en d'autres termes le principe de symétrie que nous formulions au début même de cette étude soit inscrit en toutes lettres dans la loi ; que l'on consacre aussi le droit des tiers ayant traité sur la foi d'une radiation indûment opérée, de ne pas s'en voir opposer l'annulation postérieure. Il y aurait également lieu de poser un principe (nous nous sommes demandé lequel) en ce qui concerne les tiers ayant fait inscrire ou transcrire leurs titres avant cette radiation, et de réglementer expressément leur situation juridique.

202. — Sur le second point le texte que nous réclamons ne changerait que peu de chose à la jurisprudence actuelle. Sur le premier il la transformerait complètement pour le plus grand profit des principes, du crédit public et de l'équité ; puisque le silence gardé par les textes sur l'hypothèse a inspiré aux auteurs et à la jurisprudence, — malgré la règle d'interprétation qu'il y avait à tirer des principes qui gouvernent notre législation hypothécaire — une théorie qui nous paraît, en violant les règles de la logique et en portant une funeste atteinte au crédit foncier, — contredire l'esprit même de la loi. Nous croyons l'avoir suffisamment démontré.

Vu par le Professeur chargé de l'examen de la thèse,

A. CHATEL.

Vu,
Le Doyen,

G. DE CAQUERAY.

Vu et permis d'imprimer,
Le Recteur,

J. JARRY.

10

TABLE DES MATIÈRES

—

DEUXIÈME PARTIE

DE LA RADIATION

Imp. Camis et Cie, Paris.— Section orientale A. Burdin, Angers.

RED. :

20

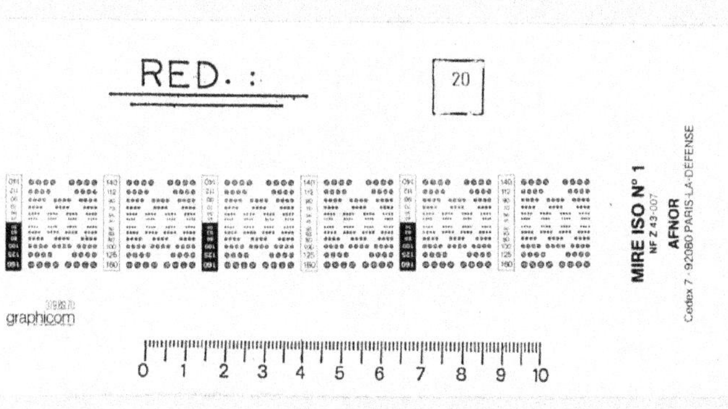

MIRE ISO N° 1
NF Z 43-007
AFNOR
Cedex 7 - 92080 PARIS-LA-DÉFENSE
graphicom
0 1 2 3 4 5 6 7 8 9 10

www.ingramcontent.com/pod-product-compliance
Lightning Source LLC
LaVergne TN
LVHW052025060726
842528LV00002B/637